ちくま新書

公立学校の底力

志水宏吉
Shimizu Kokichi

742

公立学校の底力【目次】

章扉イラスト　小池みさ

はじめに

本書は、日本の公立学校を応援するためにつくられた本である。
今日、公立学校は、逆風のなかに置かれている。特に都市部では、その傾向が著しい。

私は、二十代の前半から、教育社会学と呼ばれる学問領域の研究に携わってきた。特に中心的に行ってきたのが、中等教育と呼ばれる高校や中学校の社会的機能に関する研究であった。高校の進路指導を皮切りに、中学校における選抜過程、イギリスの総合制中等学校の教育の特徴、教育改革の日英比較。そして次第に、研究関心は初等教育にも広がっていき、外国人生徒の小学校体験、小中学生の学力実態、「効果のある学校」論の適用、がんばっている公立学校の特質の解明などに、時間とエネルギーを費やしてきた。

二〇代から三〇代にかけての時期は、もっぱら学問的真理の追究に情熱を燃やしてきたが、学校現場とのつながりが深まってきた四〇代に入ってから、私は、調査を通した客観的な「事実」の探究のみならず、先生や子どもたちの「声」を通して教育現場の「真実」

を社会に伝えることも同じように大事なのではないか、と次第に思うようになってきた。

仕事柄、いろいろな地域のさまざまな学校を訪問する機会が多いが、先生方は本当にがんばっている。嘘偽りなく、そう思う。いつのころからか、私は、公立学校のサポーターとして仕事をしたいと考えるようになった。もちろん、良いことばかりを言うわけではなく、言うべきことは言わねばならないが。

今日、公立学校の旗色はすこぶる悪い。特に大都市部では、「公立＝質のよくない教育」といった色眼鏡で物事が語られ、決められていくという風潮すら感じられ、苦々しい思いになることもしばしばである。本書では、学校を批判したり、教師を断罪したりするスタンスではなく、教育現場の「希望」を語るという基本的立場から、話を進めていきたいと思っている。そのような論調の本が、近ごろあまりに少ないからである。

すでに他の所で書いたが（志水『学力を育てる』岩波新書、二〇〇五年）、私は、公立の小・中学校の出身である。自分が生まれ育った地元の公立小・中学校での体験が、間違いなく教育社会学者としての私の原点・出発点となっている。

そこで得た、かけがえのないいくつもの宝物――たくさんの友人や恩師との出会い、日々の学習のなかで培った基礎的な学力、さまざまな活動や行事のなかでの成功・失敗体験、部活や受験で得た教訓、自分とは違う考えや感覚をもった他者とつきあっていくこと……。そのなかには、おそらく私学に通っていては手にいれられなかったであろうものもある。

公立学校ならではのよさ。それが、本書で私が探究してみたいテーマである。

本書に収められているのは、合わせて一二の公立学校（四つの小学校、六つの中学校、二つの高校）の物語である。いずれも私が、読者の皆さんに自信をもって紹介できる公立学校である。紙幅の関係でここでは掲載できなかったが、私が承知している範囲でも、いい学校は他にもたくさんある。というか、がんばっている学校は全国に無数にあるはずだし、何より私には、すべての学校で先生たちは懸命にがんばっており、子どもたちは充実した学校生活を送っているように感じられる。

あらかじめ断っておかねばならないが、本書で紹介する大部分の学校は、大阪府を中心とする、西日本に位置する学校である。というのも、それらの学校は、私が今から六年前（二〇〇三年）に大阪大学に勤務するようになってから知ることができた学校だからである。

そして、一読していただければわかることだが、それらの学校に見られる教育実践の核に、同和教育・人権教育の伝統のなかで培われてきたものがあるということも、ここで申し添えておきたい。その意味で、本書に登場する学校は、一定の「特殊性」を有しているとみることができる。そうした実践が、全国の学校現場に共通して見られるものかどうかは、私にも確たることは言えない。しかしながら、大方の読者の皆さんの共感は得られるものと思う。

なお、本書の中心をなす一二の学校の物語は、二〇〇七年から二〇〇八年にかけて『解放教育』（明治図書）という教育雑誌に連載されたもの（「元気の出る学校！」）がもとになっていることをお断りしておきたい。こうした形での再録を快く認めてくださった明治図書、および『解放教育』誌の関係者の皆さんに、この場を借りて改めてお礼を申し上げたい。

序章

逆風のなかの公立学校

†イギリス、そして日本

一九九〇年代初頭、私はイギリスにいた。家族とともに。在外研究の機会を与えられ、二年間にわたってイギリスの大学に籍をおき、イギリスの学校を調べるという経験をさせてもらったのであった。

おりしも彼の地の教育界は、サッチャー首相（当時）の主導する戦後最大と言われる教育改革の大波のもとで、大揺れに揺れていた。ナショナルカリキュラムが制定され、教師たちの教える自由は大幅に削減されることになった。と同時に、ナショナルテストが導入され、子どもたちの学習成果が数値化されて表示されることになった。その数値は、「リーグテーブル」という学校別の成績ランキングで、広くイギリス国民に公表された。そして、保護者たちは、そのランキング表を参考にしながら、学校選択制のもと、自由に行きたい小学校・中学校を選べるようになった。他方、個々の学校では、学校理事会がその経営の中心を担うようになり、私学並みに予算権・人事権を行使できるようになった。

こうした制度的変化が数年のうちに一挙に導入され、教育現場の雰囲気は、のんびりムードだったそれまでとは打って変わったピリピリとしたものに置き換えられたのであった。三〇代前半の若手研究者だった私が目のあたりにしたのは、そうした劇的な変化であった。

大いに面食らったと同時に、少し恐いなという感覚をもったのも事実である。子どもたちを育てていく舞台である学校が、こんなふうに急に、しかもビジネスの場のような形に変わっていっていいものなのだろうかと。

同じような変化が、今日の日本で起きつつある。当時のイギリスと比べると、もう少しゆるやかな形で、ではあるものの。

学校の変化としては、例えば次のようなものがあげられる。

第一に、学校選択。〇六年末の時点で、小学校と中学校の両方あるいは片方にそれが導入されている自治体は、首都圏を中心に全国で九〇近くにのぼるという（嶺井正也・中川登志男『学校選択とバウチャー』八月書館、二〇〇七年）。安倍政権下の教育再生会議において議論の中心となった教育バウチャーをめぐる議論は下火になったものの、教育の場に選択の原理を持ち込もうという発想は大きな広がりを見せつつある。

第二に、学校評価。キーワードは、「アカウンタビリティ」（説明責任）であろう。学校（他の機関・組織についても同じことであるが）は、自らの活動を外部にしっかりと説明することができなければならないという考え方。学校は、もはや密室や閉ざされた場であってはならない。開かれた場となり、オープンかつフランクに受け手や外部の人々の声に耳を傾けなければならない。保護者・子どもたちからの評価、外部・第三者の評価、あるいは自己評価。大学もふくめ、学校は評価ばやりである。

第三に、その関連としての教員評価。従来型の「横並び主義」は古いとみなされ、今日では教員世界にさまざまな「差異化」のためのツールがもたらされている。代表的なものは、年度当初に教員各自が目標設定をし、それが達成できたかを管理職が評価するシステムである。その評価を、給与等の報酬にも連動させようという動きも広がっている。きわめて水平的だった教員の世界に、主幹や首席と呼ばれる「えらい先生」をつくろうとする動き、あるいはいわゆる「民間校長」を導入し活性化を図ろうとする動きも、もちろんそれと関連している。

第四に、地域運営学校。文科省が推奨する「コミュニティ・スクール」のことである。そこでは、地域住民の代表が学校運営に参画することが目指されている。それ自体は決して悪いことではないが、おうおうにしてこれは学校選択制と連動して導入されるため、公立学校の「私学化」、ないしは「強い学校」と「弱い学校」との格差の拡大を招きやすいと私は考えている。

そして第五に、全国学力テスト。昨年度（二〇〇七年度）から、これが鳴り物入りで導入されたことは、読者の皆さんもご承知であろう。全国の公立学校に通う小六、中三の子どもたちほぼ全員が、一斉に同一のテストを受ける。実施には七〜八〇億円の費用がかかるようである。各学校、各自治体が、その結果に一喜一憂するのは、けだし当然と言わねばならない。それをめぐる悲喜劇が、今も全国のあちこちで展開されているはずである。

これらの新たな動向のほとんど、というかすべてが、実はイギリスの模倣であると言えば、読者の皆さんは驚かれるであろう。しかし、それは本当の話である。ひと昔前のイギリスの姿を、忠実にたどろうとしているのが、今の日本の教育界の状況である。

†ニューライトの教育改革――新保守主義と新自由主義

サッチャー以降のイギリスの教育改革の流れは、今日の世界の教育界に大きな影響を与えている。その流れを、ここでは「ニューライト」的改革と呼んでおくことにしよう（なお、ここで言う「イギリス」とは、正確に言うなら「イングランド」のことを指す。地方分権化の趨勢のもとで、イギリス国内でも「スコットランド」や「ウェールズ」という他地域では、イングランドとはかなり性格の異なる教育政策が今日採られていることを、ここでお断りしておきたい）。

「ニューライト」とは、「新しい右翼的な考え方」ということである。「右翼」と言っても、「政治的な右翼」、要するに一般的に「保守主義者」と呼ばれる人たちのことである。その考え方の新しい潮流が、「ニューライト」である。

イギリスの場合は、一九九七年にブレア率いる労働党が政権に返り咲き（当時は「ニューレフト」と称された）、今日のブラウン政権に至るまで労働党の支配が続いている。しかしながら、こと教育に関しては、それ以前の保守党の政策（ニューライト）との断絶よりも、連続性のほうが強いと見ることの方が一般的である。したがって、ちょっとややこしいが、今日の労働党政権（ニューレフト）のもとでも「ニューライト」的改革の流れは継続されている、と見ていただければよいということになる。

さて、そのニューライト的教育改革であるが、その背後には二つの原理・考え方があるとされている。「新保守主義」（ネオコンサーバティズム）と「新自由主義」（ネオリベラリズム）が、それである。

専門的な議論はさておき、できるだけわかりやすくそれらの考え方を説明してみよう。

まず、新保守主義。新しい保守主義とは何か。端的に言うなら、グローバリゼーションが進行するなかでの保守主義である。国境を越えて人・モノ・金・情報が絶え間なく行き交うのがグローバリゼーションである。国境がぼやければぼやけるほど、その反作用として、国とは何か、国民とは何かという意識も強まるであろう。そうした心情をベースにもつのが、新保守主義である。

イギリスのなかでは、例えば国語という教科のなかで、誰の文章を教えるべきかということが、延々と論争の主題となっている。シェークスピアを学校で教えるべきだという主張に異議を唱えるイギリス人はさすがにいないだろうが、例えばスコットランド出身のこの文学者はイングランドでも教えるのかとか、この黒人作家の作品を取り上げるべきなのかといった事柄が取り沙汰される。

イギリスでは、一九八八年にナショナルカリキュラムが導入されるまで、極端に言うと小学校の教師は子どもたちに何を教えてもよかった。教育内容上のしばりが、ほとんどなかったようなのである。それは、「イギリスの子どもとして何を学ぶか」ということが論争点として浮かび上がって来なかったということであり、逆に言うなら、それは暗黙の前提として人々の間に共有されていたということである。イギリスは、もはやそういう状況にはない。他の国々もほぼ同様の事情だろうが。

日本における新保守主義の表れには、何があるだろうか。すぐに想起されるのが、数年前に大きな論争となった日の丸・君が代の国旗・国歌化の問題である。さらには、安倍政権下で強行された、教育基本法の改正である。戦後すぐに制定された教育基本法は、教育関係者には長年にわたってバイブル視されてきたが、安倍首相（当時）という、きわめて新保守主義的な色彩の強い政治リーダーのもとで、驚くほどあっさりと改正されることになった。

教育内容面では、道徳教育や家庭のしつけの強化を主張する論調が、新保守主義的考え方の最たるものと見ることができる。外国人・外国籍の子どもたちに対する教育支援策がなかなか充実したものとはならないことも、この流れとの関連で理解できよう。


次に、新自由主義である。新保守主義が「政治」領域との親和性が強いのに対して、こちらの新自由主義の方は、「経済」領域との関連がより強い。先ほどと同様に、グローバリゼーションの趨勢のもとでの、自由主義のニューバージョンがそれである。モノや金や情報のボーダーレスな流通を強く規制するのではなく、最小限のルールと労力でコントロールし、市場の力に任せようという志向性。

教育現場にこの考え方を適用すると、「規制緩和と地方分権」「市場原理・競争原理」「多様性と選択」「アカウンタビリティ」「自己責任」といったキーワードが浮かんでくる。イギリスでは、サッチャー政権下で、学校選択制が一気に導入されたことが、エポックメーキングな出来事であった。今日のイギリスでは、公立の小・中学校も、日本的に言うなら私学的にふるまうことを余儀なくされている。すなわち、できるだけ多くの「お客さん」(児童・生徒)を引きつけるために、魅力ある教育を提供しているという形をつくろうと躍起にならざるをえないのである。

日本における新自由主義の表れについては、すでに先ほど何点かにわたって指摘したところである。およそここ一〇年ぐらいのことであろうか。日本の教育界は、新自由主義的な流れに翻弄されつつあるという感が強い。「教育は買うものである、選択するものである」という人々の意識の強まり、それに対する「教育はサービスであり、顧客満足を最大化しなければならない」という当事者（教育行政担当者や教員層）の危機感の高まりもある。

率直に言って、私などは、「教育は買うものである」という感覚は大嫌いである。教育は「選ぶ」ものではなく、「一緒につくる」ものである。できあがったものを顧客が消費するというイメージではなく、たまたま出会った人々が汗を流しながら共同作業を進めるイメージ。特に公立学校は、そうしたスタンスから構想していかねば、明るい未来は描けないと思うが、いかがなものであろうか。

†学校の夢

そもそも学校というものは、近代社会の理想を追求する「大いなる夢」として発案されたものであった。ここでは学校にどのような夢や理想が託されてきたかという点について、私なりのまとめを提示しておきたい。題して、「四つの夢」。すなわち、「能力主義の夢」

「平等主義の夢」「統合主義の夢」「民主主義の夢」の四つである。

第一の「能力主義の夢」。私の専門分野である教育社会学では、前近代から近代への歴史的な流れを、「属性社会から業績社会へ」という言葉で表すことが多い。「属性社会」とは、「どこに生まれたかによって人生がほとんど定まっている社会」、「業績社会」とは、「何ができるかによって人生が決まっていく社会」のことである。通常の用語で言うなら、封建社会や身分社会と呼ばれるものから、現代社会や市民社会と呼ばれるものへの移行が、それにあたる。「である（be）の社会」から「できる（can）の社会」への転換と言い換えることもできるかもしれない。

そのなかで学校制度は、まさに歴史の転轍機としての役割を果たしたと言いうる。身分社会のくびきから逃れた人々は、まさに学校制度を通じて地域的・職業的な移動を遂げ、自己の生活を切り拓いていった。というのも、現代社会において、「人が何をできるか」を証明する最重要な機関とみなされたのが学校だったからである。それは、「ＩＱ（知的能力）×努力」で表される「メリットクラシー」の社会とも称される。業績社会は「メリットクラシー（＝業績）が支配する社会のことである。端的に言うなら、良きにつけ悪しきにつけ、「学力」および「学歴」が人の値打ちを決めるような社会が、今の世の中の現実となったのである。

第二の「平等主義の夢」。これは右の事情と密接に関係している。誰でも、十分な教育の機会さえ与えられれば、自己の能力を開花させ、社会における成功の階段をのぼっていくことができるだろう……。差別や抑圧に苦しめられることなく、自分自身の人生を自由に切り拓いていくことができるだろう……。学校は、社会的公正や平等実現のカギを握る社会制度として大いなる期待を集めたのである。

生まれの違いや育ちの環境の格差に影響されずに、諸個人が幸福追求の権利を平等に享受できること。そのためには、公教育制度の整備・拡大が急務とされてきた。それは、近代国家となったすべての国に共通した目標だったはずである。

第三の「統合主義の夢」。例えば、西欧諸国では、近代学校制度が成立する前には、貴族は貴族の学校をもち、庶民は庶民の教育機関に通っていた。そして、ひとつの国にあたかも二種類の「国民」がいるかのような、別建ての人生を送っていた。江戸時代までの日本も、多かれ少なかれ似たような状況だったと思われる。また、アメリカのような国では、WASPと呼ばれる白人支配層と黒人を中心とするさまざまな移民層とが、一国のなかに共存するという状況が見られた。彼らもまた別建ての教育機関を有していた。ある時期以降、いずれの場所でも、統一学校や単線型学校体系が追求されるようになる。

国民の統合・諸階級や諸民族の融和が、学校を通して図られるべきである。それが、統合主義の夢の中身である。こうした伝統は、今日では多文化教育や共生教育といったもののなかに息づいていると考えてよいだろう。共通体験の場を提供することによって、さまざまな差異を有する人々がともに生きることを学んでいく。それは、古くて新しいテーマではある。

最後の「民主主義の夢」。ことによると、これは最初にもっていくべき夢であったかもしれない。アメリカの教育学者デューイの考え方がよく知られている。デューイは、「学校は民主主義の孵卵器であるべきだ」と論じた。学校は、社会のミニチュアである。学校生活を通して、子どもたちを真の民主主義の担い手として育て上げていくこと。これが、デューイが学校という機関に託した、誰にもおなじみの夢である。

この理想は、人々、とりわけ教師を中心とする教育関係者の学校観に、深く根を下ろしている。さらに、グローバリゼーションが進行しつつある今日では、民主主義を守る「国民」としてだけではなく、「グローバル市民」としての素養・資質なども必要である、という新たな論点も提起されている。市民性教育といったジャンルが注目されるゆえんである。

これら四つの理想・夢に、明確な異論をさしはさむ人はおそらくいないのではないか。

どれもが、それぞれの価値を担った、説得的な論拠を有していると感じられる。

問題は、現実の方である。理想と現実は、乖離する傾向にあるのが常である。

第一に、どんな社会においても、純粋な能力主義が実現することはおそらくないだろう。人間社会には、コネや情実がつきものであるのも事実である。また、今日の日本社会に見られるように、そもそもの家庭環境の格差が子どもたちの学力格差に大きな影響を与えることは、今や自明のことがらと言ってもよい。

第二に、単純な「機会の平等」がのぞましい「結果の平等」に直接結びつくものではないということは、右の学力格差の問題に典型的に示されているように、明白な事実である。「ヘッドスタート」計画といった施策や各種の補充教育プログラムが格差を是正するための措置として歴史的に採用されてきたが、それらの効果もはかばかしいものばかりとは言えない。

第三に、統合の夢もなかなか実現が難しいものである。多くの子どもたちが地域の学校に自然に通う形になっているならいざ知らず、日本の現状はそうなってはいない。各種の教育産業や私立学校の存在は、諸外国と比べて質・量ともに圧倒的な存在感を示している。大都市部では特にそうであり、「統合」とはほど遠い現実がそこにある。

第四に、民主主義の理想についても、どこまで実現しているかというと、お寒いのが現状であろう。そもそもそれは、学校だけの問題ではない。民主主義がどんなものかを政治家や大人たちが一向に示せない状況のなかで、いかに子どもたちに民主主義の主体であることを感得させることができようか。問題の根は深いと言わざるをえない。

とまあ、やや暗いタッチになってしまったが、そこで話を終わらせてはいけない。あきらめるのは、まだ早い。学校の現状は満足できるものとは言えないし、夢の実現は遠い未来の話になるかもしれないが、公立学校には、次節に述べるようないくつかの「強み」がある。そして、そうした強みを基盤とした学校の社会的な役割は、これまでにも増して重要性を帯びてきている、と私には感じられる。

†公立学校のメリット

前節の論点と重複する点も出てくるが、ここで、公立学校という存在がもつ長所・特徴を、三つのわかりやすい言葉で表現しておくことにしたい。「地域性」「平等性」「多様性」が、それである。

第一に「地域性」。「地域に根ざした」ということが、公立学校の第一の特徴である。学校選択制のもとでは、校区の枠が取り払われ、保護者や子どもはある一定の条件や範囲のなかで学校を選ぶようになるわけだが、歴史的にみるならそれはむしろ例外に属することと言ってよい。すなわち、公立学校は、「校区」と称されるような通学区域をもつことを前提に発展してきたとみることができる。しかも、教育行政当局の判断によってきわめて人工的な「区割り」がなされることもあるだろうが、一般的には、小学校や中学校の校区は、ある種のまとまりやつながりをもった「地域」を基盤としている。要するに、公立学校は、「おらが町の学校」「地元の学校」として基本的には発展してきたのである。

現実に、長い歴史をもつ公立学校では、「親もこの学校を出ている」「親子三代にわたってこの学校に世話になっている」といったケースがいくつも見出されるはずである。教師の方は「風の人」として、数年長くても十数年経てば他校に移っていくわけだが、地域住民のなかには「土の人」として、何世代にもわたってその地で生活を営む家族が存在する。そう考えるなら、公立学校の主役はあくまでもその地に住む人々であり、教師はその人たちに奉仕する脇役にすぎないとみることもできる。

公立学校がもつこの性質は、「ある教育理念・方針への賛同にもとづく選択」を旨とする私立学校の原理ときわめて対照的なものである。「地域に根ざした」公立と「選択にもとづく」私立。伝統的な社会学の用語を使うなら、公立学校は「コミュニティ」(＝生活共同体)としての性格をより強くもち、一方の私立学校の方は「アソシエーション」(＝結社)としての色彩をより強く帯びると位置づけることもできよう。

第二の「平等性」。これも、第一のポイントと関連した重要な側面である。その地域に住むすべての人に対して門戸が開かれていること。誰もが、望みさえすればその学校に入ることができること（高校は若干事情が異なるが）。しかも、無償あるいはきわめて安価で。経済的な障壁がそこにあってはならない。そのような基本原則を堅持しているのが、公立学校である。

この第二の特徴の重要性は、強調してもしすぎることはないだろう。今日の日本には、さまざまな理由・経緯でたくさんの「ニューカマー」外国人が居住するようになってきており、多くの子どもたちが日本の公立学校に在籍している。それは、この平等性の原則によるところが大きい。経済的な障壁があれば、というよりそれ以前に「外国人は入学を認めない」といった制度的な障壁があれば、彼らはそもそも日本の学校に入ることができず、朝鮮学校やブラジル人学校といった「民族学校」に通うしか選択肢がなくなってしまう。それらの学校は決して安価ではないので、下手をすると彼らは「未就学」状況を余儀なくされてしまう。そうした状況が広がらないためには、この「平等性」の原則がしっかりと守られなければならないのである。

第三の「多様性」。これは私が、最も大事にしたいと考えているポイントである。ここで言う「多様性」とは、「そこにいろいろな人がいる」という事態を指す言葉である。端的に言うなら、「いろんな人がいるからこそ、公立学校はおもしろい」と考えたいのだ。

第一のポイントで述べた「地域」には、多様なバックグラウンドやライフスタイルや経歴をもつ、さまざまな階層に属する人が住んでいる。そして彼らの子どもたちの多くが、地元の公立学校に入学してくる。たまたま出会った公立学校の教室のなかで、彼らは、ぶつかり合ったり、助け合ったりしながら、仲間と学校生活を送る。そして、さまざまなタイプの教師や他の大人たちともかかわりながら、自分なりの成長を遂げていく。公立学校の「多様性」は、「異質なもの同士の相互作用」を引き起こし、新たなものを不断に生み出していく。そのダイナミズムは、私立学校ではあまりお目にかかれないものであるように私には思われてならない。

私には、右にまとめたような特徴は、公立学校が有するかけがえのない長所だと思われる。読者の皆さんはどうお考えになるだろうか。

†がんばっている学校

次章以降では、合計で一二校の、がんばっている公立の小・中・高校を紹介する。いずれの学校も、私が、ここ数年来親しくおつきあいをさせてもらっている学校である。それらの学校を訪問する度に、私はあたたかい気持ちになる。やっぱり学校っていいなと感じる。

子どもたちは、学校のなかで莫大な時間を過ごす。「ゆとり教育」になろうと、インターネットや携帯がどれだけ普及しようと、子どもたちの生活に占める学校の存在は依然として大きい。必ずしも勉強が得意な子ばかりではないが、彼らは年間一〇〇〇時間ほどの授業を受ける。また、人間関係の構築が難しくなったと言われるが、たいがいの子は「友だちに会えるから学校が楽しい」と答える。学校でどのような体験を積み、いかなるかかわりを他者と築いていくかが、彼らのその後の人生に大きな影響を与えることは間違いないのである。

先に述べた、教育界に広がりつつある新自由主義の風潮は、グローバリゼーションのもとでの国家の生き残り戦略としての色彩が強いが、その「教え」が教育の「消費者」である保護者や市民の感覚にもフィットしていることは間違いない。すなわち、多様なオプションを設け、「顧客」の自由選択に委ねるというそのスタンスは、「少しでもよりよい教育を選択したい」という人々のホンネに即している。だから、ウケる。

公立学校に勤務する教師たちのなかにも、自分の子どもを私立学校に通わせるケースは多い。彼らのなかには、ホンネと建前のギャップに悩んでいる者もいることだろう。かくいう私も、三人の子どもたちは、私立高校あるいは私立中学に通った。私自身は、それが子どもの選択だったということで納得している。自分自身が私立の全寮制高校の出身であり、私学の存在や意義を否定するつもりは毛頭ない。日本の場合は、公立学校と私学の共存共栄が基本だと考えている。

「はじめに」でもふれたように、受験熱が高い首都圏などでは、「私立学校の教育の質は高く、公立は高くない」という「常識」が幅を利かせている。私は長く首都圏に住んでいたが、「公立中学に行かせるなんてとんでもない」という友人や知人もたくさんいた。ほとんどの場合あえてつっこまなかったが、時々「そう主張する根拠は?」とまぜ返すこともあった。そのような場合、根拠の薄い噂や風評からそのような判断が生まれていたことがほとんどであった。

しかしながら、関西に戻ってくると、人々の「常識」がそうでもないということに気づく。「地元(公立)の学校でええんとちゃう(いいんじゃない)?」という常識が、まだ幅を利かせている。さらに、九州・中国・四国などの町を訪れると、依然として公立学校が優先的な選択肢として存在し、人々が大きな信頼を寄せているという状況をみることもできる。本書の記述を通して、特に首都圏に多く在住するだろう「公立学校はあまりよくない」と考えている人たちに、「公立学校健在なり!」という姿を示したい。一関西人として、私はそう考えている。

本書で紹介する学校は、一二校中七校が大阪府内にある。また、全体としても西日本の学校がほとんどで、一番東に位置する学校は、新潟の聖籠《せいろう》中あるいは静岡の東部《とうぶ》小あたりである。なお、本文の記述内容や登場人物の所属などは、雑誌『解放教育』に掲載された時点（二〇〇七年四月から二〇〇八年五月にかけて）のものであることをお断りしておく。

本書を締めくくる終章では、私自身が公立学校の理想像だと考える「力のある学校」(empowering school) という考え方を紹介した上で、私たちの研究グループが二〇〇七年度に行った調査研究の成果である「スクールバスモデル」というものを提示したい。公立学校がめざすべき姿の一つのイメージが、そこには表現されている。

公立学校は今、逆風のなかにある。しかしながら、本書で展開されるのは、その逆風をものともせず、子どもたちのために全力投球している教師たちの姿である。「元気の出る学校」の今を堪能していただきたい。

第1章

教育コミュニティづくり

――金川《かながわ》小学校（福岡県）

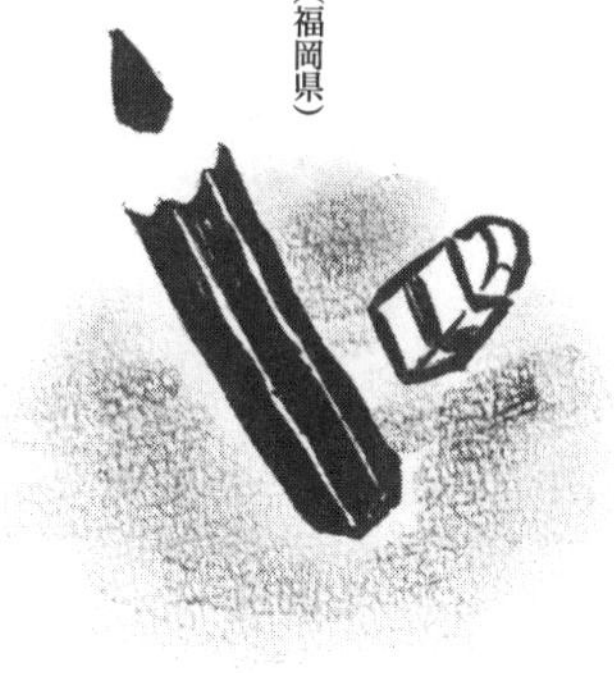

†金川小との出会い

今から三年ほど前、二〇〇四年二月のことであった。私の上司にあたる池田寛先生が、一年余りにわたる闘病生活の末、亡くなられた。その際に寄せられた数多くの弔電のなかに、福岡県田川市の金川小学校からのものがあった。一番遠方の学校から届いたものということで、葬儀の際、私の判断で内容を紹介させていただいた。生前の池田先生は、金川の教育コミュニティづくりに深くかかわっておられたのである。

その後、六月に大阪大学のキャンパスで行った「池田寛先生を偲ぶ会」には、現在田川市教育委員会で学校教育課長をつとめておられる中野直毅氏をはじめ、合わせて四人の先生方が福岡より駆けつけてくださった。「何と義理堅い人たちなんだろう」と、私は感じた。そのとき以来、おつきあいが続いている。

金川小は、田川市にある、一三〇年を越える歴史を有する小学校である。田川は、筑豊炭田の中心地である。かつての人口は一〇万人以上にのぼったというが、現在では約五万二〇〇〇人と、ピーク時からほぼ半減したことになる。戦後の、石炭から石油へのエネルギー政策の転換のもとで、数多くあった炭坑は次々に閉鎖され、町は火が消えたようになっていった。地域の経済力の低下とコミュニティの解体とに由来する社会的矛盾がピークに達したのが一九八〇年代である。少年非行の戦後第三の波と言われたその時期、県内でも非行や荒れ、差別発言の多発などの問題が顕在化していったが、田川でも中学校の荒れという形でそれが表面化した。この文章の最後に出てくる工藤良さんが、暴走族「極連會」を率いて、夜の町でやり場のない気持ちのはけ口を探し求めていた姿が、当時の田川の若者のひとつのシンボルであったと言ってよい（「金川の教育改革」編集委員会『就学前からの学力保障』解放出版社、二〇〇六年、五～九頁）。

転換点となったのが、一九九〇年に実施された福岡県同和教育実態調査であった。同和地区と地区外の学力格差に、学校・家庭・地域での生活のあり方や子どもの意識の諸側面から迫ろうとしたその調査によって三つの教育課題が提起された。その三つとは、「低学力克服」「肯定的セルフイメージの育成」「家庭・地域の教育力育成」である。そして全県で課題克服に向けての取り組みが始まった。

校区に多くの炭坑住宅、そして同和地区を有する金川小学校校区でも、一九九〇年半ばから、その問題提起を受けた全校区をあげての取り組みがスタートした。その取り組みの全貌は、昨年出版された前掲著（『就学前からの学力保障』）に詳しく論じられているので、ぜひそちらをご覧いただきたい。

†学校づくりのコンセプト

つい先日金川小から送られてきた研究冊子『Let's collaborate II』には、次のような図（図1―1）が掲載されている。この図をみるのは初めてであったが、改めて金川の実践活動の「志の高さ」というか、「スケールの大きさ」に感じ入った。

これには、若干の注釈が必要だろう。図にある三つのカタカナで示された学校モデルは、亡くなった池田先生の考えに触発されたものだと思われる。池田先生は、『解放教育』誌に「解放教育の三つのモデル」という文章を寄稿しているが（『解放教育』四二〇号、二〇〇二年、三五～三八頁）、そこで提示されていたのがこの三つの学校類型である。

第一の「デモクラティックスクール」とは、かつての解放教育が追求してきたもので、学校や社会がもつ差別的な体質を告発し、それに戦いを挑み、より民主的なものへと変革していこうとする個人の育成を図ろうとする学校のことである。

また第二の「エフェクティブスクール」とは、私たちの研究グループが推進しようとしているもので、すべての子どもたち、とりわけ教育的に不利な環境のもとにある子どもたちの基礎学力の保障を第一の目的とする学校のことである。

そして第三の「コラボレイティブスクール」とは、池田先生自身が命名したもので、目

図１－１　金川の教育モデル

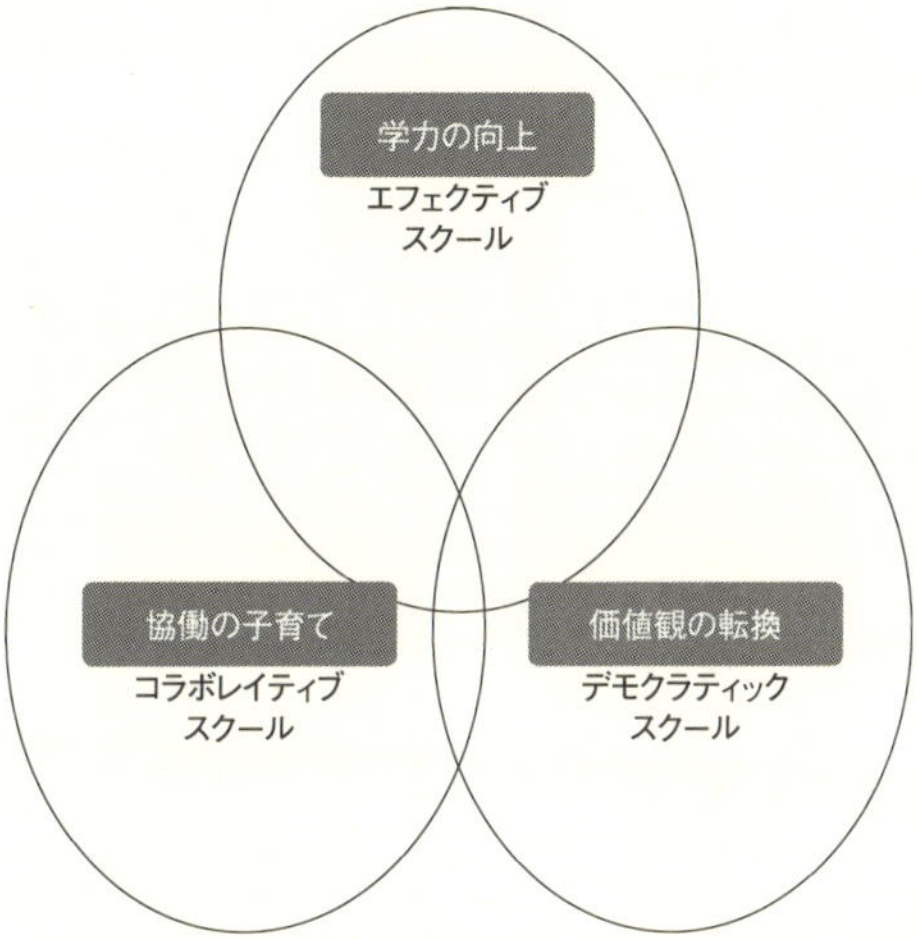

（出典）　福岡県田川市立金川小学校『Let's Collaborate II』2007、２頁

的を学力向上に限定したり、また支配層の価値観・イデオロギー批判に焦点化したりするのではなく、広い意味での「公共性の育成」を学校づくりの基盤に据えた学校のことである。平たく言うなら、自分の利益だけを考えるのではなく、家族や仲間・社会全体のことを思い、周囲の人々とのかかわりのなかでよりよい社会・生活の場を築いていこうという気概をもった人を育てる学校のことである。

池田先生は、第三のタイプの学校こそが、今後の理想であると主張した。だが、この図１―１に示された金川小の教育モデルは、「二兎」どころか、「三兎」を追い求めようという図式になっている。「あれかこれか」ではなく、「あれもこれもそれも」という、「欲張り」な精神がそこに表れている。

三つのカタカナを並べるといささか仰々しくなってしまうが、「価値観の転換」「学力の向上」「協働の子育て」という言葉が並ぶと、今度はすーっと胸に入ってくるのではないだろうか。金川の取り組みは、この図で示されている通りの、志の高い、スケールの大きなものである。以下では、昨年秋に私が金川小に数日間うかがったときに見聞したことを中心に、「授業づくり」「学校づくり」「地域づくり」という三つの見出しのもとに金川小・校区の元気の出る取り組みの一端を紹介してみることにしよう。

†授業づくり――低学年での習熟度別指導

金川小学校の学校づくりの中心には授業づくりがある。授業づくりの核心は、「低学力の克服」である。そのための中心的な手だてが、低学年（一、二年生）の算数における習熟度別指導の体系的な展開である。

私が訪問した際に見学したのが、一年生の算数の授業であった。習熟度別に三つのグループに分かれて授業を受ける一年生の子どもたち。「高学年になってからでは手遅れ」という判断があって、金川小では二〇〇一年度より低学年での習熟度別指導が取り入れられているという。各教室で子どもたちは、二桁引く一桁の引き算の繰り下がり問題に取り組んでいた。

最初に入った中位層のクラスには一〇人ほどの子どもがいた。子どもたちになじみの深いポケモンのキャラクターである「ニャース」が算数の問題を子どもたちに送りつけてくるという設定。子どもたちの日常生活と学校学習をリンクさせる工夫であるが、子どもたちは教師の意図通り、ニャースをやっつけようと夢中でプリント学習に取り組んでいた。

二番目に入った発展的クラスは、子どもの数が十数名。そこでは、「計算しりとり」が行われていた。例えば、13−6で7という答えを出したら、次には答えの7に一桁の数字を足して二桁の数字を作り、さらに二桁にしたものから一桁の数で引いてまた一桁の数にするというように、繰り上がりと繰り下がりの計算を繰り返し行う。二〇回繰り返すことができたら、ニャースは降参するという設定である。ちなみにこの二〇回という数値は教師が与えたものではなく、子どもたちが自分たちで設定した目標である。二〇問のハードルを楽々超える子もいれば、まだ半分程度しかできていない子もいたが、一様に子どもたちは計算しりとりに熱中していた。

最後に入った、五人からなる最も基礎的なクラスでは、「サクランボ」を使って問題を解こうという指導がなされていた。例えば「13−6」の問題を解くとすれば、まず二またになったサクランボを描いて10と3に分ける。その10の方から6を引いて4を導き出した後に、4と3を足せば7という答えが出てくるというわけである。指を使って計算する子もいれば、サクランボでやっている子もいる。答えを出すまでに時間がかかっても、教師は一人ひとりの子どもに丹念にかかわり、繰り下がりの計算を定着させようと粘り強く指導していた。

授業の最後に、各クラスで「振り返り」の時間がもたれる。今日やった勉強についての感想を書き留めたメモを、披露しあうのである。最後のクラスでは、「この前よりたくさんできて、楽しかった」とか、「前は一枚しかプリントができなかったけど、今日は三枚できた！」といった感想が出てきた。五人の子どもたちの顔には、それぞれの達成感や充実感がみなぎっていた。

金川小では、学校生活の全側面にわたって、子どもたちの自尊感情を育むことが大切にされている。その一環として、授業に関しては「意味づけ・価値づけ・方向づけ」をキーワードとした、肯定的評価活動が意識的に取り組まれている。「①意味づけとは、『君の考えにはこんな意味があるんだね』とその子にわかるように肯定的な評価を行うこと。②価値づけとは、『君の問題解説の方法にはこんな価値があるんだよ』と全体（集団）の中に価値づける評価のこと。③方向づけとは、『○○君とよく似ているね』という指導的な評価と『○○君を参考にしてごらん』という具体的な指導の一体化をすること」（前掲書、二八頁）と説明されている。

こうした教師からの肯定的な声かけ・働きかけによって、子どもたちは自己の学習活動を対象化してとらえ、その意義を再確認したり、自らの課題に気づいたりすることができ、さらなる学びへの動機づけを高めることができるのである。

†学校づくり――データ重視の学力向上の取り組み

学校づくりの局面において金川小で目立つのは、子どもたちの学力や生活状態に関する「データ」の蓄積が非常に重視されており、それにもとづいて取り組みの立案や点検がなされているということである。これは、金川地区の近年の改革を推進してきた、前出の中野先生（元金川小校長）のリーダーシップによるところが大きいと私には思われる。国立大の理科系学部出身の先生は、熱いハートをもった、理知的な戦略家であり、金川の教育改革の土台を築いた人物である。

子どもたちの学力実態を把握するために、金川小では、標準学力検査（ＮＲＴ・ＣＲＴ）、生活実態調査、学習実態調査、自尊感情五領域テスト、自己他者肯定感テスト、就学前実態調査などのさまざまな手立てを講じている。

例えば、就学前実態調査では、地域の複数の保育所との協働作業として、一年生にあがる子どもたちの保護者に対する記名式アンケートを実施する。質問項目は、子育てのあり方、基本的生活習慣の指導、子どもとのかかわり方、学力観、勉強観、子どもの将来に対する希望などである。こうして子どもたちの学力伸長を阻む個別的な阻害要因を明らかにするために、一人ひとりのデータがとられる。

小学校にあがってきた子どもたちに対しては、「四六文字が書けるか」「名前が書けるか」「一対一対応」「10の補数」「順位数」などのチェック項目が、国語領域・算数領域・コミュニケーション領域の三領域で設定され、担当教員による「みとり」がなされる。そうして得られた「学力」データと先の就学前実態調査との関係が丹念に探られ、一人ひとりに対する働きかけのあり方が決定されていくのである。

そうした精力的な低学力克服の取り組みの成果を示したのが、図1―2である。

これは、金川小二年生の、NRTという標準学力テストの結果を経年的にならべたものである。図左側の「学力期待値」は、生活体験や思考能力など「生活年齢」を反映するとされる、同時に実施される知能検査にもとづいて算出される値である。実際のテスト結果(真ん中にある「総合学力偏差値」)からその期待値を引くと、右側にある「成就値」が出てくる。これがプラスの値になれば、あるいはその数値が大きくなればなるほど「教育効果

図1－2　低学年少人数指導の効果

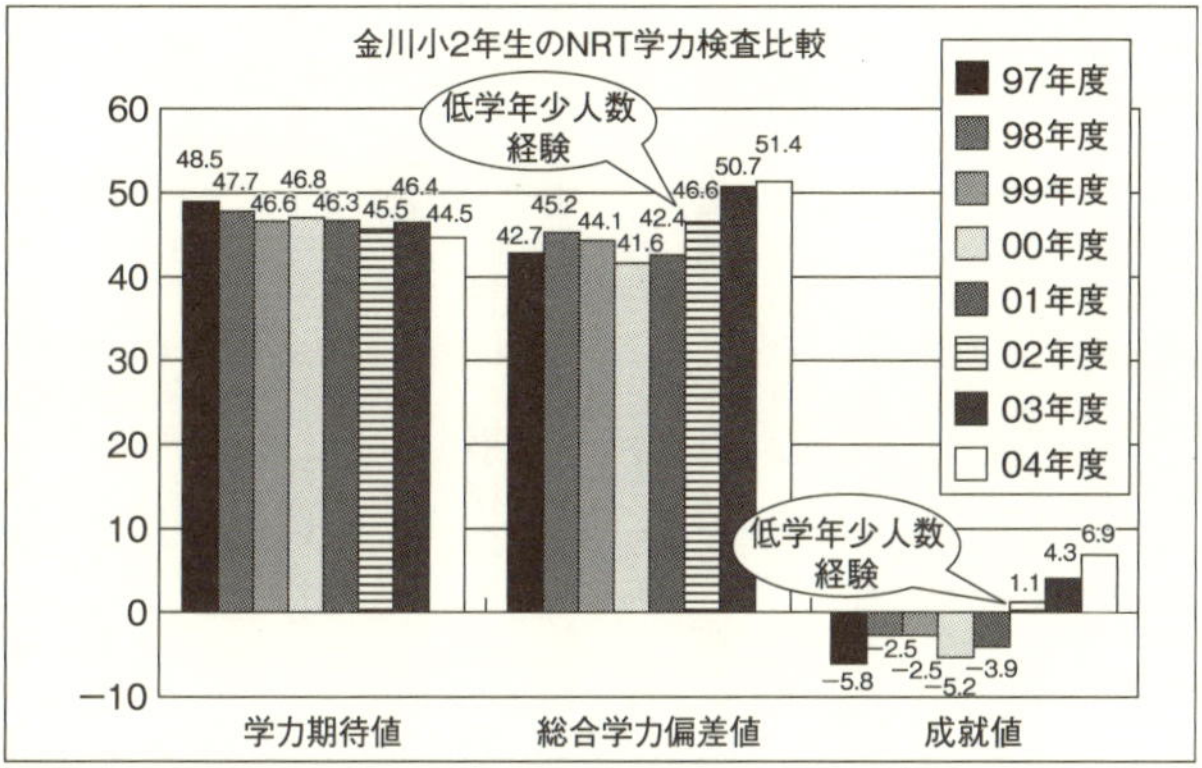

（出典）「金川の教育改革」編集委員会『就学前からの学力保障』2006、53ページ

が出た」と考えてよいことになる。

右側の成就値の変化を見ると、この間の成果の大きさは明らかである。すなわち、成就値がマイナスの値からプラスの値に転じ、その絶対値も着実に上昇しているのである。先に述べたように、低学年での習熟度別指導は二〇〇一年度より実施されており、最初の一年生が二年にあがった〇二年度から、成就値がプラスになっていることがわかる。就学前調査の実施と分析・一、二学年の算数での習熟度別指導に代表される、低学年への「てこ入れ」が、子どもたちの基礎学力の底上げに寄与したことは、疑いもない事実だと言ってよいだろう。

誤解のないように言っておくが、決して金川小では、点数をあげるためのドリル学習や学力を測定するためのペーパーテストのみに血道をあげているわけではない。校舎の内部は、木をふんだんに取り入れたあたたかみのある空間となっており、子どもたちや先生方の間には、互いに支えあうやさしい、ぬくもりのある雰囲気が流れている。

†地域づくり——学習・学校応援団の存在

金川小はあったかい。訪問した誰もが感じることであろう。今年他小から移って来られた中野美恵子校長は、事務の人たちが子どもたち全員の顔と名前を覚えていることに驚いたという。また、ある先生は、赴任して来られたときに、地域の方々が「引っ越し」の手伝いをしてくれたことが忘れられないと語ってくれた。また私の場合は、滞在中毎晩どなたかが夕食に誘って下さって、夜ごと楽しい時間を過ごすことができた。

こうした金川小を中心とした校区のあり方は、池田先生が提唱された「教育コミュニティ」という考え方を彷彿とさせるものである。地域に生まれ育つ子どもたちの「教育」を機縁としてつくり上げられる新たな人間関係のネットワーク、そのもとで展開される「協働の子育て」、それが教育コミュニティの実質をなす。

私が前回金川小を訪れたのは、一一月のある週末に開催された「まつり金川」見学を兼ねてのことであった。当日はあいにくの雨模様であったが、小学校の校庭・体育館で開催されるまつり金川のにぎわいは、大阪の校区フェスタとはまた異なる趣をもつものであった。まつり金川は、すでに一一回の歴史をもつが、数年前からは、夏に地域の若者が中心となって実施・運営する「サマーフェスティバル in かながわ」が開催されている。そこでは、それぞれの地区で継承されてきた和太鼓・盆口説きなどが盛大に披露されるという。

保護者・地域の人々による応援団の存在も、学校にとっては心強いものである。それは、校舎の落書きを消す呼びかけを保護者にしたことをきっかけにして立ち上がった。今では、校舎内に応援団（正式には「校区活性化協議会」）の部屋が設置され、先生方と連携をとりながら子どもたちの学習活動をさまざまな形でサポートしている。その内容は、読み聞かせ・丸つけ・分度器コンパス指導・家庭科や図工でのサポート・田植えや収穫といったもの（「学習応援団」）から、机の天板の張替え・中古本の買出し・カーテンの新調・プールのペンキ塗り、廊下の読書コーナーの設置といったもの（学校内外の学習環境を整備する「学校応援団」）まで多種多様である。

すでに紙幅は尽きているが、最後にぜひ工藤良さんのことを紹介しておきたい。工藤さんは現在二九歳（当時）、金川小・金川中の卒業生である。荒れまくって、悪の道に足をつっこんだ青年期。留置所のなかで一念発起した工藤さんは、暴走族「極連會」をボランティア団体 GOKURENKAI に衣替えし、「一〇〇人泣かしてきたから、二〇〇人は救いたい」という思いで、金川地区の教育コミュニティづくりに参画してきた(工藤良『逆転のボランティア』学習研究社、二〇〇四年)。本業は牛乳屋さんだが、現在はさまざまな課題をかかえた「非行」少年・少女のための居場所として「田川ふれ愛義塾」をおこすなど、新たなチャレンジに着手し、全国を忙しく飛び回っておられる。

私も短い時間だが、ふれ愛義塾を訪問することができ、そこ(民間の一軒家である)で寝起きをともにしている五人ほどの少年少女たちと言葉を交わすことができた。いずれも複雑な事情をかかえた子どもたちであったが、工藤さんに対する敬意には絶大なものがあった。

小柄で、どこかしら愛嬌のある顔立ちの工藤さん。どこか「仏様」を連想させるその柔和な表情からは、とても暴走族の元かしらだったという過去は想像できない。このような人物が、田川にはいる。その志の高さは、逆境に生まれ育ち、その生育歴のなかで人間としての深み・粘り強さを獲得した者だけがもちうるものである。そして、そのような人たちが学校の教育活動を土台から支えているのが、田川の金川である。

第2章

教師が育つ——布忍《ぬのせ》小学校（大阪府）

†布忍小学校との出会い

大阪市の南、大和川を渡ったところに位置する、人口十数万の衛星都市が松原であり、市内の一五小学校のうちのひとつが布忍小学校（以下、「布小《ぬのしょう》」）である。

布小は、同和教育の実践校としてつとに知られた学校であるが、私が布小とかかわるきっかけとなったのは、東大教育学部に在職中の二〇〇一年度に実施した東大関西調査であった（苅谷剛彦他『調査報告「学力低下」の実態』岩波ブックレット）。大阪府下の公立小中学校を対象としたその調査において、とりわけがんばっている学校として浮かび上がってきたのが布小であった。集団づくりをベースにし、子どもたちの基礎学力保障に徹底してこだわる布小の教育に大いに心を動かされた私は、いくつかの著作でその実践の紹介を行い、自分なりの考察を展開した（志水『公立小学校の挑戦』岩波ブックレット、二〇〇三年など）。

以来、私はさまざまな形で、布小とのかかわりを続けさせていただいている。そのなかで、私が折りにふれて感じるのは、布小は「教師が育つ」学校だということである。本章では、布小がこの二年間（二〇〇五年度から〇六年度）取り組んできた、新たな研究プロジェクトの中身を紹介し、そのプロセスのなかで教師、とりわけ新任教師がどのような成長を遂げたかというテーマを跡づけてみたい。

†進み続ける布小

先生方自身も時々そのような言い方をするのであるが、布小は「まぐろ」のような学校である。夜中でも泳ぎ続ける魚のように、「決してとまらない、常に動き続けるのが布小」というわけである。

布小の人権・同和教育は、一九六〇年代末の越境根絶を契機とした「荒れ」の克服をその出発点としている(以下、この節の記述には、『e-NUNOSE2006 プログラム 伝え合う「ひと・こころ・ことば」の協働』、布忍小学校研究紀要、二〇〇六年一一月を参考にした)。

具体的には、学級経営の基本に集団づくりを位置づけ、教師集団の統一した指導と地域と連携した取り組みがスタートした。同和地区児童を中心とした子どもたちの「荒れ」の背景には低学力問題があるという認識から、一九七〇年代はじめに算数・国語での校内診断テストを実施し始め、促進指導の体制を整備し、基礎学力の充実をめざす「わかる授業」の創造と、学習内容の習熟・定着をめざす放課後補充学習の推進を図った。さらに一九七〇年代後半から八〇年代にかけては、学習指導と生活指導を結びつけるために、家庭学習の定着と生活規律確立の取り組みが地域との連携のもとに行われるようになった。その一方で、副読本である『にんげん』を活用した人権・部落問題学習が展開され、保護者や地域の人々への聞き取りやフィールドワークをもとに、子どもたち自身のくらしを見つめ、親の思いやがんばりに気づくというスタイルの実践を確立していった。

一九九〇年代に入ると、子どもたちの基礎学力保障に向けて少人数指導が導入され、「自己選択」「個別学習」「自己表現」をキーワードにした授業改革が推進された。算数科での「習得学習ノート」が開発されたのもこの時期である。また、これまでの人権・部落問題学習の蓄積をもとに、総合的な学習活動として「ぬのしょう、タウンワークス」が誕生した。このタウンワークスは、今日の布小の教育実践において、重要な役割を担っている。

合わせて、一九九〇年代後半から現在にかけては、学校の情報化が積極的に推進され、総合学習や生活科における遠隔校との共同学習やテレビ会議システムを活用した国際交流学習、さらに教科学習におけるデジタルコンテンツの活用などの取り組みが進められた。

二〇〇三年度から〇四年度にかけては、文部科学省・松原市教育委員会の指定を受け、「基本教科・人権・情報の『学びの総合化』とヒューマンネットワークづくり」をテーマとする、地域の幼稚園、隣接する中央小、そして松原第三中学校が一体となった協働研究が推し進められ、人権学習の一一年間のデザイン化などが図られた。そして、〇五年度から〇六年度にかけて取り組まれたのが、以下に述べる、これも文部科学省の指定による

「伝え合う力を養う調査研究事業」の推進である。

†「伝え合う力を養う調査研究事業」へのチャレンジ

右にその概略を示したように、布小は、常に新しい課題にチャレンジしている学校である。しかも布小では、必ず過去の実践のベースの上に、新たな実践が発展的に付け加えられていくために、今日の姿は、ちょうど「地層」や「バームクーヘン」のように、さまざまな層が幾重にも折り重なって、何とも言えないハーモニーを奏でているように見える。

傍目に見ればそういうことなのだが、内部で働いている先生方は、やはり、かなり大変であろう。各種の実践・取り組みが重層的かつ多面的に用意されているのであり、おそらく先生方は、「息つく暇もない」と感じることも少なくないのではないか。二〇〇四年度末に、大きな指定研究であった中学校区の協働事業がいちおうの区切りを迎えたとき、私も、「これでひと段落、さすがにしばらく指定研はないだろう」と思ったが、全くそうではなかった。翌年から、また新たな指定研究事業がスタートしたのであった。

「伝え合う力を養う調査研究事業」は、コミュニケーション力を高めることにより、好ましい人間関係をつくる力をつけることを趣旨としている。布小は、これらを、布小の今日の子どもたちに求められている力であると同時に、布小がこれまで積み上げてきた教科や

図2－1　三つの柱からなる取り組み

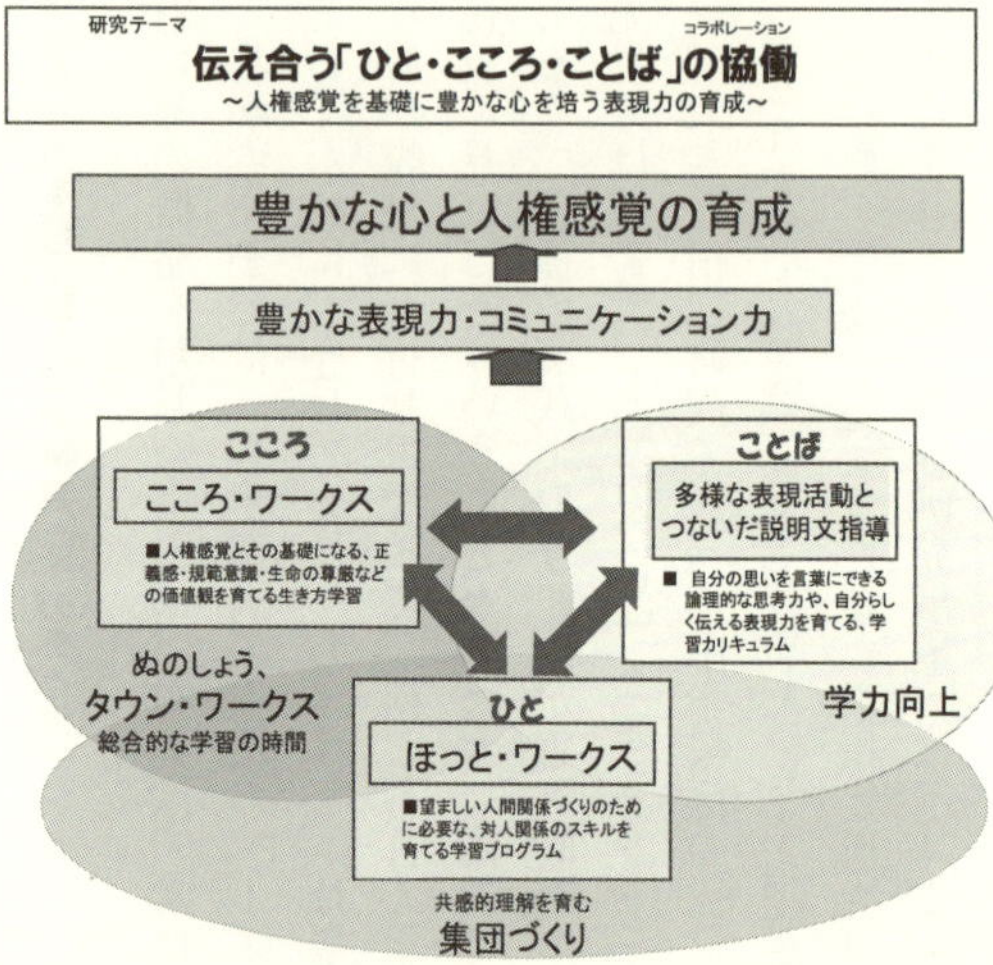

総合学習、道徳、特別活動の実践の基盤となるもの、言い換えればまさに布小教育の根幹に関わる教育課題として捉え、果敢に「伝え合う「ひと・こころ・ことば」の協働《コラボレーション》」を研究テーマとして、「学校と教育の新たな改革」に挑戦したのである。

さまざまな試行錯誤を繰り返しながら、二年間をかけてつくり上げたのが、図2－1に示されている、三つの柱からなる新しい取り組みである。子どもたちに「伝え合う力」をつけるために、「多様な表現活動とつないだ説明文指導」「ほっと・ワークス」「こころ・ワークス」という三本柱が設定された。ごく簡単に、その三つの中身を紹介していこう。

図右側の、「ことば」という見出しのついた「説明文指導」は、「学力向上」という布小の長年の課題に応えるものとして、九〇年代から継続して取り組まれてきたものである。保護者や地域の人びとの話に耳を傾け、自らの思いを語ることを軸に人権総合学習に取り組んできた布小で六年間を過ごす子どもたちの「EQ」、あるいはオーラルな力は、私の目から見てもかなり高い水準に達していると感じられる。しかし一方で、論理的な文章を読み解くことや構造的な文章を書くことには、苦手意識がぬぐえない。そうした弱点を克服するための取り組みが積み重ねられ、今回の指定研究でもさらなる探求がなされた。「ほっと・ワークス」「こころ・ワークス」という残る二つの柱が、今回新たに立ち上がった学習活動である。順に解説しよう。

まず、図中央の、「ひと」という見出しのついた「ほっと・ワークス」である。これは、布小がこれまで最も大切にしてきた集団づくりを補うものとして構想された。一般に「人間関係トレーニング」と呼ばれるジャンルの学習活動を取り入れたものであり、すでに松原市では、第七中学校で「人間関係学科」という名称で、正規のカリキュラムのなかに位置づける取り組みが行われてきた。布小では、その先行事例に学びながら、子どもたちに望ましい対人関係のスキルを獲得させるための学習プログラムづくりを今回行った。

そして、図左側にある、「こころ」という見出しのついた「こころ・ワークス」が、今回の新機軸の二つめである。「人権感覚とその基礎になる正義感・規範意識・生命の尊厳などの価値観を育てる」ことを目的としたこの「こころ・ワークス」は、布小教育の看板である「タウン・ワークス」を補完する役割をもつものとして構想されている。すなわち、一、二学期に集中的に取り組まれる「タウン・ワークス」と連動する形で、個別テーマに迫る二〜四時間の学習パッケージが用意され、人権感覚の基礎となる価値観の涵養がめざされたのである。

大づかみに言うなら、布小教育の根幹である「学力向上」「集団づくり」「タウン・ワークス」に重ね合わせる形で、今回この三本柱に関するカリキュラム・学習活動の整備が図られ、研究授業や校内研修が積み重ねられたと整理することができるだろう。本章で扱いたいのは、この指定研究のプロセスを通じて、教師がどう育ったかという問いである。

布小の先生方の平均年齢はかなり若い。ここでは、この研究活動に熱心に取り組んだ四人の若い教師を紹介することにしよう。

年度も押し迫った二月の末に組まれた、三中校区（松原三中、中央小、そして布小）の合同授業研では、そのうちの一人、A先生が研究授業を行った。

四年生の担任を任されたA先生は、つぶらな瞳（!?）が印象的な、スリムで長身の男性教員である。彼は、こころ・ワークスの授業を担当した。ねらいは、「周囲の人の支えがあってこそ、努力することが可能になる」ことを子どもたちに気づかせることである。そのためにピックアップされた教材が、マラソンで金メダルを獲得した高橋尚子選手の手記であった。

校区外からの参加者をふくむ、多くの参観者が見守るなかで、A先生は若手らしからぬ落ち着きを見せて、研究授業を進めた。授業の中身もさることながら、何よりも私の目をひいたのが、教室内にいる何人かの先輩教師たちの、学習に取り組む四年生の子どもたちのみならず、授業者であるA先生をもやさしく見守る、あたたかなまなざしであった。授業を終えたあと、長時間にわたる準備の疲労からか、初の研究授業の緊張感から解き放たれたせいか、A先生の声はほとんど出なくなっていた。しかし、彼の表情には、やりきったという充実感がみなぎっていた。

†「ひとつに見えた!」

六年生の少人数指導を担当しているB先生は、病気のために養護学校に通っていた高校時代の友人のことを思い、養護学校の先生になりたいという夢をもっていた。しかし、布小でのかかわりを通して、子ども一人ひとりを大切に見つめ、深くかかわるということでは、どんな子に対しても同じであるということに気づき、布小でがんばりたいという希望を語ってくれた。そう思うにいたったのは、六年生の担当教員間での、子どもをめぐる学年会での深い議論が大きかったようである。

布忍小学校に新しく赴任することになった先生が度肝を抜かれるのが、年度当初に行われる二日間かけた夜を徹しての研修会である。同じく若手の女性教員C先生は、五年生の少人数指導を担当している。大阪教育大学を卒業し、ストレートで布小にやってきた。赴任早々の二日間にわたる研修会には全く気分が乗らなかったようだが、そこでの「イニシエーション」の意味は絶大だったようだ。一人ひとりの教師が、ときには涙をこぼしながら、前年度を振り返り、今年度の抱負を熱く語る姿をみて、「これだけ熱い思いをもった先生がいっぱいいる学校に来られてよかったな」と、C先生は感じたそうである。「なんかひとつに見えたんですよ。先生方が。ここに来年、胸を張って入っていられたらうれしいなって。」合宿から帰る彼女の足取りが軽やかなものになったことは、言うまでもない。

†子どもをみる、集団をみる

一年間を振り返ったときに、新任の先生たちが異口同音に語るのが、「子どもの見方を学んだ」「集団をみる目を教えられた」ということである。

C先生にとって大きな事件が起こったのが、二学期のある日のことであった。信頼関係を築いていると感じていた二人の女子が、授業中にメモのやりとりをしており、そのなかに「先生きらい」などという、先生を排斥する言葉があったのである。大きなショックを受けた彼女は、二人に対する不信感と不安でいっぱいになったが、先輩教師から言われた言葉は、「これは集団の問題だ」というものであった。

経験の少ない若い教師が、子どもから投げかけられた言葉を「自分に返す」のは、ある意味でいたし方のないところである。しかし布小では、子どもたちの言動は、子どもたち同士の仲間関係、そしてその背後にある家族や教師との人間関係に根ざすものだと考え、「問題を集団に返す」。結局、そのメモの中身は女子の間での人間関係のもつれから発したものであるということが明らかになり、適切な対応がとられたのち、問題は解決した。C先生は、この出来事を通して、集団をみることの大切さを、身をもって知ることができたのである。

学年会での「話し込み」の意義を語るB先生は、複数の教師が一人の子どもを多面的・立体的に捉える努力を積み重ねることによって、その子の思っていることやこうしたいという気持ちに近いところに到達できるという経験を、一年のなかで何度かすることができたという。

また、教職につく前に不登校支援の経験をもつA先生の場合は、「子どもの気持ちに寄り添う」ことが自分ではできていると思っていたのに、実は違っていたことに気づかされたと語ってくれた。やはり「一対一の関係」と「集団のなかの一人との関係」は質的に異なっているのであり、そこをクリアするのが自分の現在の課題だと彼は語ってくれた。

†教師が育つ組織

最後にもう一人の若手教員、D先生の事例を紹介しておこう。D先生は精悍なスポーツマンタイプの男性教員で、講師として二年間の担任経験を有する、四人のなかでは「経験豊富」な方の教員である。

彼は、「自分はウヌボレていた」と、赴任当初のことを述懐する。始業式の日に、担任クラスとなった布小の二年生たちと対面した際、子どもたちが全く自分の言うことを聞いてくれなくてあせったという。二年間担任をした前任校の子どもたちとは異なる、「元気のよい」布小の二年生の姿がそこにあった。

彼は言う。「ここに来て、本当に鍛えられた。自分自身の子ども観、教育観、人間観。今でも揺さぶられ続けてるんですよ」と。四月当初に、先輩教員から、「布小はやることより、子どもを見ることを重視している」と言われて、「何のことや」と面食らったという。学年会のなかで「どの子にこだわるんや」と言われたときも、「何の話してるんやろ、こだわるって何やろ」と思ったそうである。

彼にとっての今年度の最大の出来事は、指定研究の一環として、秋に行った研究授業であった。先輩教師たちと何度も模擬授業を積み重ね、一時間の授業をつくっていった。前任校では、「一人でやって、自分がえらいみたいな」気になっていたのに対して、布小では、「一人では絶対できない経験」をし、「みんなに励まされ、みんなでつくった」という実感がもてたという。当日の打ち上げのときに、彼は感極まって大泣きに泣いたそうである。研究授業を全力でやりきったその姿を、先輩たちは頼もしい思いで見守っていたに違いない。

今回の指定研究について、同和教育主担教員は、次のように総括してくれた。

この研究発表大会では、子どもの姿を見ていただくことがいちばん大事ということをみんなで確認し合いました。もちろん研究冊子をつくったり、指導案を練り上げたりして、研究の成果を発信することも大切でしたが、当日、元気に学び、伝え合う子どもたちの姿を見ていただくためにも、日々の授業づくりや集団づくりの積み上げが大切でした。そういう意味では、スクールリーダーを先頭にして、若い先生をはじめ、学校全体が集団づくりと授業づくりの両面の力をつけるいい一年間だったと思います。そして、新しいことに果敢にチャレンジすることで、みんなが勇気と元気をもらえるということが実感できました。やって良かったなって思います。

布小の先生はたしかに忙しい。しかし、夜遅くまで灯りがついている学校なら、日本じゅうにたくさんある。他の学校ではあまり見られない布小の大きな特徴は、教員同士での指導関係がうまく機能していることにある。言い換えるなら、先輩から後輩へと、布小教育の哲学・理念と技術・方法とが、確実に伝承されているのである。子どもたちが育つ学校は、教師が育つ学校でなければならない。私は、布小の新任の先生たちをみていて、本当に心強く思う。彼らは、いい職場にめぐり合えた、幸運な若者たちである。

第3章

「鍛える」学校文化

――細河《ほそかわ》小学校（大阪府）

†夏の海で

「えんやこーら！」波打ち際で、拡声器をもった岸本校長先生が、遠泳を続けている六年生たちにエールを送る。岸本先生は小柄でおしとやかな感じの校長先生なのだが、短パンにTシャツ姿で仁王立ちになり、延々とエールを送り続ける。なぜ「えんやこーら」なのかはわからないが、このかけ声が伝統なのだという。かたわらには別の教員が控え、時折大太鼓をたたく。かけ声と太鼓の音。必死で泳いでいる子どもたちに、果たしてその声や音は届いているのだろうかとも思ったが、全員の泳ぎが終わるまで一時間近くにわたって、それは続いた。部外者である私には、それは、「君たちの必死の泳ぎを、私たち全員で見守っているよ」というメッセージに聞こえた。

夏休みのある一日、鳥取県青谷町《あおやちょう》の海岸でのことである。六年生の「臨海学舎」は、五年生の「自然学舎」とともに、池田市で三〇年ほど続いている大阪府池田市立細河小学校の伝統行事である。いずれも二泊三日で、青谷海岸にある池田市立自然の家で行われる（残念ながら、財政削減のあおりを受け、昨年度かぎりでこの施設は閉鎖となった）。

細河小では、三年前から、子どもたちを鍛えるために、臨海学舎のプログラムに遠泳を取り入れている。波打ち際からそう遠くない海中のエリアに周回コースを設定し、一キロの遠泳に子どもたちをチャレンジさせるのである。もちろん、足は届かない。教員や自然の家職員が総出で水に入って周りを囲み、泳ぐ子どもたちをサポートする。私が見学させてもらったのは午後の部で、そこでは午前中に完泳できなかった子が再挑戦した。

結局、参加した四八名の六年生のうち、午前の部で三三名、午後の部で三名が一キロを泳ぎきった。午後の部で完泳した女子のうちの一人は、午前の部では五〇メートルほどしか泳げなかったという。三五分以上かけて一キロを泳ぎきることができた彼女の表情には、やりきったという達成感が満ち溢れていた。

夕方、海からあがり入浴タイムとなった。海に入った私も誘っていただき、一緒に風呂に入った。男性教員五、六人と子どもたちが仲良く語り合ったり、ふざけあったりする姿は、教師と児童というよりは、家族旅行で温泉に入っているお父さんと息子たちのように見えた。文字通りのハダカのつきあい。飾らない姿で子どもたちに向き合っている先生方の姿がそこにあった。細河小学校は、そのようなアットホームな雰囲気をもつ学校である。

†地域と歴史

細河小は、大阪府北部の池田市にある一一の小学校のうちのひとつである。一九七〇年代末には六〇〇人以上いた児童数も、今では二五〇人あまりとなっており、ひと学年が二クラスの学年と一クラスの学年が混在する状況となっている。池田の市街地から北方に広がる山間部に入っていく途中にある細河は、豊かな自然に抱かれた町だ。伝統的に植木業がさかんなところで、埼玉県安行《あんぎょう》、愛知県稲沢《いなざわ》、福岡県久留米と並んで、日本四大産地のひとつと数えられることがあるという。今でも植木関係の仕事に従事する保護者は多い。

学校の歴史は一三〇年あまり。池田市のなかでも、最も長い歴史をもつ学校のひとつである。人権・同和教育の実践校としても知られてきた。

ただ、今年五年目となる岸本校長が着任する前には、やや荒れた時期もあったそうである。子どもたちのおしゃべりが絶えないので全校集会が頻繁にもてない、授業中出て行ったり立ち歩いたりする子がいる、相手を否定するようなひどい言葉がけが横行する、障害のある子の靴が隠されるなど、子どもたちの気になる言動が目立ったという。

そうした状況を改善すべく、二〇〇三年度に着任した岸本校長とそれに相前後して赴任してきた先生たちを中心に、細河小（以下、「細小」）の新しい学校づくりが始まった。

†「鍛える」というキーワード

岸本校長は、「ともかく子どもが変わるということを先生方に実感してもらいたかった」と、当時を振り返って語る。そのために、「よさそうなことはとりあえず何でもやってみよう」というスタンスで、取り組みを進めたという。

同時期に細小に転任してきて六年生を担当することになった、研究部長をつとめる齋藤滋先生は、「授業のなかで子どもの学びが成立していない」と感じたという。しかし、細小の子どもたちは、「野生的と言えば表現は悪いけど、大きなエネルギーをもっており、分散しているエネルギーをひとつにまとめることができれば……」と考えた。そこで、同じく転任してきたばかりの、他の高学年担当の先生たちと相談して、手始めに運動会で組体操に取り組むことにしたそうである。いいかげんにやると、自分や友だちがケガをしてしまう。そんな組体操に取り組ませることで、緊張感をもたせたい、ひとつにまとめたいと考えたのである。

「子どもたちの前に、がんばればクリアできるハードルをすえる。それに向けて努力を積み、クリアできると、まわりから認められる。そしてハードルを乗り越えていくという達成感・満足感が積み重なっていく……。」そのような好循環を生み出したいと、先生たちは考えたのである。

こうした「子どもを鍛える」という方針が、いわば学校建て直しの推進力となった。組体操のみならず、先にあげた遠泳やマラソン大会などにも取り組むようになった。また、子どもを鍛えるのは、何も体育的な活動にとどまるわけではない。学習発表会でも劇や合

写真３—１　細河ピラミッド

唱、あるいは社会科や生活科でも調べ学習など、細小では学校生活のさまざまな局面にわたって、子どもを鍛えることをめざした活動が仕組まれている。

運動会での組体操には、一昨年度から、五・六年生全体でつくり上げる「細河ピラミッド」が取り入れられている（写真３—１）。昨年度の運動会では、雨天で、足元がぬかるんだ状態であるにもかかわらず、男子と女子の二基のピラミッドが、ものの見事に組み上がったという。

仕事の関係でその場に居合わせることができなかった私は、子どもたちの勇姿を見ることができず、たいへん残念な思いをした。今年はぜひ、細小の子どもたちのがんばりをこの目に収めたいと考えている。

†「力のある学校」をめざして

昨年度末の二月のある日に、「「力のある学校」をめざして」というタイトルの公開授業研が細小で持たれた。

授業研の資料には、以下のような文章が記されている。

本校では、教職員の意思一致のもと、「わかる授業、楽しい学校づくり」「子どもどうしのつながりを広め、深めるなかまづくり」「地域に開かれた学校づくり」を重点課題として、集団づくりと授業づくりに取り組むことで、この「力のある学校」をめざし、本年度はその三年次となる。

この数年間の細小の変貌ぶりはいちじるしい。先生方も手ごたえを感じていらっしゃるに違いない。年に数回ずつだが細小を訪問してきた私の目にも、その変化は顕著なものと映る。いきいきと活動する子どもたちの姿はもちろんであるが、何よりも先生たちの積極的な仕事ぶりが目につく。小規模校ということもあり、先生方の結束は固い。また、ベテランの先生方と若手の先生方とのコミュニケーションもよくとれているように思われる。

†授業づくり

細小の学校づくりの大きな柱が授業づくりである。前述の公開授業研では、「学び合う授業づくり」というテーマのもとに、全クラスで公開授業が行われた。

現在五年生の担任をつとめる齋藤先生のクラスでは、「細河の植木」と題した総合の授業が行われた。まず冒頭に、ある女子が調べ学習した内容を模造紙にまとめて発表する。その発表に対して、クラスのメンバーが次々に質問をしていく。「どうして昔の日本では植木をつくる人が少なかったのか」「接ぎ木やさし芽といった細河の植木の技術は他地域でも使われているのか」「植木が一番売れる季節はいつか」「どうしたら、枝を曲げることができるのか」……。子どもたちの問答を聞きながら、そのやりとりの内容を黒板に三色のチョークでわかりやすく整理していく齋藤先生は、ほとんど言葉を発しない。

しばらくのやりとりののち、「どんな植木がよく売れるのか」という問いについて、みんなで考えてみようということになった。家業が植木屋さんの男子の発言をきっかけに、「年寄りの木」と「若い木」のどちらに値打ちがあるかという点に関してひとしきり議論がなされた。さらに、どんな種類の木が売れやすいのかという点について、さまざまな意見が出てきた。「立派な感じの木」「花の咲く木」「細河の地域にしかない品種」「育てやすい木」「新しい品種」「ねだんの安い木」「紅葉する木」「一年じゅう楽しめる木」……。齋藤先生は、決して答えを出そうとはしない。

残りが一〇分となったところで、ノートに書いた自分なりのまとめをもとに、子どもたちは思い思いに学習作文をつづり始めた。みんな、よく書く。ほとんどの子が、五分ほどの間に、二〇文字×一〇行のマス目の半分以上の量の文章を書いている。最後の数分で、「細河の植木の技術はすごいと思った」などの意見交流が行われ、授業は終わった。

齋藤先生は、このようなスタイルの授業を「はてなの学習」と呼んでいる。「はてなの学習」は、教科の学習場面だけでなく、生活科や総合的な学習の時間等、いろいろな場面に応用することができる。細小で「はてなの学習」が大事にされているのは、何よりもそれが「わからない子に光を当てることができる」からである。言葉をかえるなら、「しんどい子に発言させることができる」ということである。正答を追い求める授業、用意した学習内容をつめこむ授業では、必ず切り捨てられる子が出てくる。しかし「はてなの学習」では、みんなが参加してこそ、話し合いが成立する。そして、子どもたちの学習は深まっていく。

「はてなの学習」を積極的に取り入れるようになってから、細小では授業に集中する子が大幅に増えたという。授業が楽しくなり、中身がわかるようになってきたからである。

る。

†音楽の力

「鍛える」ことを目標としたさまざまな行事、「学び合う」ことをめざしたそれぞれの授業。それ以外にも、細小の「よさ」として紹介したいものがある。それは、「音楽」である。

人権教育主担をつとめる山田信湖先生は、今年で勤続七年めを迎える「最古参」教師の一人である。彼女は、他地域から転任してきた当時のことを振り返って、「自分のクラスのことさえしっかりやっておけばよいという雰囲気でした」と述懐してくれた。そして、その後の細小の変化を振り返ったとき、「校長のリーダーシップ」「研究部を中心とした授業研の取り組み」「子どもたちの姿や課題の共有」と並んで大きかったのが、「全校集会などでの音楽の力」だったと語ってくれた。

「音楽の力」を考えるとき、校長先生と同時期に転勤してきた松本寛子先生の存在にふれないわけにはいかない。音楽の専科を担当する彼女は、「NHKの歌のお姉さん」をほうふつとさせるような先生である。かつて高学年の子どもたちのおしゃべりで成立が難しかった全校集会を立て直すために取り入れられたのが「音楽集会」であった。月に一回程度もたれる「音楽集会」は、今日では細小の最大の「ウリ」のひとつとなっていると言ってよい。

松本先生の指導のもと、細小の子どもたちの歌声はとても澄んだ、伸びやかなものになっている。ときには英語の歌を取り入れたり、先生方も一緒に歌ったりと、さまざまな趣向を取り入れた音楽集会に参加するたびに、私の心に晴ればれとした気分が広がっていく。

岸本校長は、次のように語る。

本当に子どもたちがいい表情になりました。子どもたちが歌いたいといって、ときどき職員室に来てくれるんですね。歌ったり、演奏したりね。私たちは給食前にそれを聞くんですけど。いい表情して、何かもう自分が開かれているというかね、ほんとに明るい表情をして歌う子が増えてね。それがバロメーターになってますね。

†卒業式で

三月、四八名の六年生を送り出すための卒業式に、私も列席させてもらった。細小では、伝統的にフロア形式の卒業式を行っており、子どもたちが舞台にのぼって卒業証書をもらうということはない。フロアで校長先生から証書をもらったあとに、子どもたちは一人ひとり、マイクの前で自分の将来の夢を「短歌」に託して披露する。

シュートパス　基本練習　つみ重ね
　プロのぶたいで　ゴールを決める
世界中　心ひとつに　してみたい
　夢は英語で　人をつなげる
将来は　緑にかこまれ　仕事して
　好きな球根　世界に届ける
人体の　不思議な世界　研究して
　ノーベル賞を　受賞する

松本先生のピアノ伴奏のもとで、卒業生たちは三〇分ほどかけて、それぞれの「宣言」を行った。その間、二人の担任の先生の表情は対照的だった。終始にこやかな笑顔を浮かべ、子どもたちの姿をいつくしむような目で見守る一組担任の柏茂昭先生。それに対して、バリバリの二〇代、二組の森田耕治先生の顔は、涙でくしゃくしゃになっている。

校長と同じタイミングで細小に赴任してきた柏先生は、高学年の担任として、組体操やマラソン大会の取り組みを中心的に担ってきた三〇代の教員である。卒業式の数日後、柏先生は、次のように語ってくれた。

こっちの要求が高いこともあって、それを乗り越えるには、それなりに努力をしなければならないし、仲間と協力しなければならないしという意味で、かなりしんどいことを彼らには要求してきました。けれど、それを乗り越えたときの感動は、大きいと思います。高い山を登るのはしんどいけれど、その分景色はきれいやなと言いながら。子どもたちも、がんばり通したことにすごく自信をもって卒業していったと思うんです。子どもたちの様子を見ながら、どんな目標を設定して、どうバックアップしていくか。あるいは、クラスの集団がひとつになって、お互いが理解しあってやれるようになるにはどうすればいいかっていうことを、ずっと考えてきました。子どもたちも涙を流して、「ありがとう」と言って卒業してくれました。

†チャレンジは続く

昨年度末に実施された保護者対象の学校評価アンケートの結果を紹介しておこう。例えば、「学校は、わかる授業・楽しい学校づくりに取り組んでいる」という設問に対して、肯定的回答（「とてもそう思う」＋「そう思う」）をした保護者は九四％に達している。また、

「児童会行事や運動会・学習発表会・自然学舎・臨海学舎などの学校行事は、楽しく有意義なものになるよう工夫されている」という項目については、同様に九〇％の保護者が肯定的回答をしている。このように、細小の取り組みは、大部分の保護者から好意的に評価されているようである。

一方で、全校的な取り組みのもと、いじめ・不登校はゼロに近い状況を達成することができているが、現時点での課題としてあげられるのが、細小では「一〇日以上の欠席」をする子が市内でも多い方に属するという事実である。人権教育主担の山田先生は、「学校全体の雰囲気はよいが、子ども・保護者の実態がきびしくなりつつあり、先生たちの努力が正比例的に成果に結びつかない現状がある」と指摘してくれた。

具体的に言うなら、一部の保護者が、自分の都合で簡単に学校を休ませることが多いというのである。買い物や旅行に行くために、子どもを休ませる。それが、年間「一〇日以上」となるのである。その傾向は、特に低学年で顕著だという。

教師の思いとは異なる「常識」をもつ親が増えてきたという事態は、何も細小にかぎったことではない。それは、日本全体で広くみられる今日的状況である。「先生たちの努力が正比例的に成果に結びつかない」とき、教師はどうすればよいか。細小の先生方のチャレンジは、さらに続いていく。

第4章

ちがいを力に

――東部《とうぶ》小学校（静岡県）

†出会い

今から四年以上前の話である。私が東京の大学から阪大に戻ってきて、半年ぐらい経ったころだったと思う。静岡県磐田市のある小学校から連絡を受けた。「一度話をうかがいたい」と。数日後、東名・名神高速を飛ばしてやって来られたのが、磐田市立東部小学校校長の鈴木亨司先生と研修主任の鈴木光男先生であった。

校長先生（以下、キョウジ先生）は、地元のはだか祭り保存会の副会長をつとめる生粋の磐田っ子、一見少しコワそうだが、笑顔の優しい方である。もう一人の鈴木先生（以下、ミツオ先生）も「祭り好き」の磐田っ子で、兵庫教育大付属小に勤務した経歴をもつ。美術・図工教育に関心が強く、日教組全国教研集会の分科会での司会や関連学会の事務局役をつとめた経験がある。そして氏は、私と同年生まれである。

相談の内容は、東部小で日系ブラジル人児童の数が急増しており、どのように支援すればよいのか、一緒に考えてほしいというものであった。兵教大付属時代のミツオ先生が、ニューカマー外国人について私が書いた文章を読んで下さったのが、きっかけだったと思う。名古屋より東の学校から声がかかることはそうないのだが、私は、一も二もなくお手伝いすることに決めた。お二人と妙にウマが合ったのだ。それに何よりも、その学校が磐田の学校であり、しかも校区にジュビロ磐田の本拠地のスタジアム（ヤマハスタジアム）があるという事実が、私の心を惹きつけた。そう、私の周囲の人びとは皆知っているが、私のサッカー好きは病膏肓の域に入っている。

東部小とは、それ以来のおつきあいである。年にわずか二、三度の訪問であり、すでにお二人とも東部小を去られているのであるが、黒川洋善校長（二〇〇七年度当時）をはじめとする先生方のご好意で、私は東部小に出入りを続けている。本書でこれまで扱ってきた小学校とはいささかタイプの異なる学校であるが、ぜひ東部小の姿を読者の皆さんに知っていただきたい。

†磐田市と外国人住民

磐田市は、静岡県西部、天竜川の東に位置する町である。川を隔てた西側には浜松市が広がり、東側には袋井・掛川などの市が並んでいる。人口一〇万人弱の規模であったが、二〇〇五年四月一日に周辺の旧福田町《ふくでちょう》・竜洋町・豊田町・豊岡村と合併し、市域は一挙に拡大した。現在の人口は約一七万六〇〇〇人あまり（二〇〇七年四月一日現在）、うち外国人は九六〇〇人（同）を超え、人口の五％以上を占める。国籍別では、ブラジル人が特に多く、外国人全体の約八割を占めている。

工業出荷額が県下第二位の工業都市である磐田市には、自動車やオートバイなどの輸送用機械を中心とした工場が立地し、そこにブラジル人等の外国人労働者が多数雇用されている。外国人人口はお隣の浜松市の方がかなり多いが、五%超という人口比は県内で有数の数値となっている。

東部小が設立されたのは、一九五七年であるが、前身の鎌田学校が開校したのは一八七二年のことである。市の東方に広がる田園地帯を横切るように走っている東海道新幹線の線路の脇に、東部小は立っている。校区の北方には、ヤマハスタジアムがあるほか、ヤマハやNTN（旧東洋ベアリング）関連の会社・工場が立地している。一九九〇年の入管法改正以降、東部小にブラジル人児童が増え始めたのは、校区南部に一九七〇年代に建設された公営団地があり、そこにブラジル人労働者の家族が集住するようになったからである。

東部小は市内でも有数の大規模校である。全校児童数は七六八名あまり、教員数も四八名を数える。校庭なども、大阪の都市部の学校などと比較するときわめて広く、うらやましい環境である。おまけに、校舎に隣接する部分には、木舩《きぶね》英雄教頭先生が中心となり、丹精こめて育成している三〇メートル×五〇メートルの「芝生広場」があり、そこは後にふれるタグラグビーの練習をはじめとする多様な活動の舞台となっている。

外国人児童の数は、ここ一〇年の間ずっと増え続け、二〇〇六年度には八一名を数えるにいたっている。その内訳は、七五名がブラジル人、四名がペルー人、一名がフィリピン人。全校の約一割、各クラスに三名ぐらいずつ外国人児童が在籍する勘定になる。

†東部小の外国人児童

「それだけ外国人が多いと、担任の先生方もさぞかし学級経営が大変なのではないだろうか」と予想して東部小を訪れた私であったが、東部小の第一印象は、すこぶる落ち着いた、明るく活気のある雰囲気の学校だなというものであった。

静岡や愛知、あるいは岐阜や福井といった中部地方の各県を訪問したときによく感じるのが、「豊かな、安定した地域」であるということである。中部地方では結婚式が派手だと言われるが、それも地域の全般的な「豊かさ」と関係があると思う。教室をのぞいてみても、「生活のしんどさ」を感じさせるような子どもたちの姿を見ることはあまりない。

整理整頓された教室で、整然と授業が進行していることが常である。先生が「はい、赤鉛筆を出して」と子どもたちに指示を出したときに、ものの三秒もしないうちに教室の全員がさっと赤鉛筆を取り出し、丸つけの態勢が整った場面に遭遇した際には驚いた。私の慣れ親しんだ大阪の教室では、あまりお目にかかることができない情景だったからである。

さらにもう一点、ここで述べておきたいのは、東部小には「力のある子」が多いということである。磐田にはジュビロというサッカーチーム以外にも、ヤマハ発動機が有するプロのラグビーチームがある。あるきっかけから、そのラガーマンたちの指導を受け、東部小の子どもたちは放課後活動として「タグラグビー」に取り組むことになった。タグラグビーとは、タックルのない、子ども向けの五人制ラグビーのことである。

すぐれた指導の賜物であろうが、創部間もない二〇〇四年度に、東部小タグラグビー部は、あれよあれよと全国大会にまで勝ち進み、準優勝という輝かしい成績をおさめた。そして、二〇〇五年度こそ東海大会の決勝で涙をのんだものの、二〇〇六年度には再び全国第三位という好成績をおさめることができたのである。子どもたちの潜在能力が高くなければ、このような成果をおさめることはさすがに難しいであろう。

そのように落ち着いた、かつ活気のある雰囲気をもつ学校が東部小であるが、外国人児童に対する取り組みはまだ始まったばかりだというミツオ先生の言葉であった。「はっきり言って、最初は『やっかい者』扱いだったと思いますよ。それが、『お客さん』になり、今ようやく一緒に学ぶ『仲間』として位置づけられ始めたところですね。」

私がかかわり出して、まず先生方にお伝えしたのが、「ちがいを力に」という、関西の在日外国人教育実践が大切にしてきた考え方であった。それ以降東部小では、「ちがいを力にする学校」という言葉を「めざす学校像」として掲げ、外国からの子どもたちが輝く学校づくりに邁進している。

さて東部小では、「なかよしワールド1」(以下、ワールド1)と「なかよしワールド2」(以下、ワールド2)という二つの教室が、ブラジル人を中心とする外国からの子どもたちを支援する中心的な場になっている。それぞれの教室には、それぞれ担当の先生がおられる。

二〇〇六年度からワールドを担当することになった阿児《あこ》紀世美先生が受けもつワールド1は、主として一年生と日本語の日常会話が不十分な二年生以上の子どもたちのためのクラスである。二〇〇六年度の場合は、一年生八人、二年生一人、三年生二人、六年生一人の計一二名がワールド1の構成員であった。一年生の八人は、学年で一一人いる外国人児童の中からまだ日本語が十分でないと判断された子どもたちである(四月ひと月をかけて判定がなされる)。彼らは、原則としてすべての国語・算数の時間(週九時間)を、ワールドでの取り出し授業で過ごす。一方二〜六年生の四名は、すべて年度途中でブラジル、またはブラジル人学校からやってきた子どもたちであり、国語の授業をここで受け、ひらがな、カタカナ、漢字の学習を、一年生を追いかける形で進めていく(算数の授業はワールド2で受けるとのこと)。阿児先生によると、国際交流協会から派遣されているJSLサポーター(授業補助)の方たちに協力してもらいながら、三学期の終わりまでに二年生の漢字までを終わらせたいということであった。

もうひとつの教室ワールド2は、今年で担当二年目になる高橋恵子先生のクラスである。ここは、主として二・三年生の子どもたちが学ぶ場であるが、上級生の場合でも日本語の力をみて、指導する場合もあるという。二〇〇六年度の場合は、二年生七人、三年生六人、四年生三人、六年生三人の計一九名が、ワールド2で学んでいた。二・三年生の場合は国語と算数の授業すべてを、四〜六年生の場合は原則として国語の授業を（子どもによっては算数も）、この教室で高橋先生のもとで受けることになる。ただし、所属学級の事情や時間割の都合で授業がカットになることがあるし、またブラジルからの子は学校を休むことが多いため、学習内容が「つまみぐい状態」になる傾向がままあるという。

いずれにしても、東部小に在籍する外国からの子どもたちのうち、ワールドで授業を受けることができるのは、全体の半数以下である。本当は高学年で取り出し授業を担当できる教員がもう一人いればベターだということであったが、それも現実には難しい。市教委から派遣されてくる相談員（母語話者）やJSLサポーターの助けを得ながら、担任と連携をとりつつ、お二人の先生が中心となって彼らの学習支援を行っている。

黒川校長先生の話によると、「東部小にきたら、どの先生にも外国人の指導を経験してもらいたい」ということで、ワールド担当の先生は二年サイクルで回していっているとい

写真４―１　ワールドでの授業風景

う。つまり、毎年、二年目の先生（二〇〇六年度の場合は高橋先生）と一年目の先生（同じく阿児先生）がペアを組む形にしているのである。

†ある日の授業から

二月下旬のある日、私は東部小で一日を過ごさせてもらった。

五時間目のワールド2の授業（写真４―１）。四年生三人が教室にやってくる。Ｅくん、Ｇくんという二人の男子、そしてＪさんという女の子。二〇〇五年度までの校長で、現在は市教委の嘱託職員として勤務しているキョウジ先生がその日私につきあって下さったのだが、元校長の姿をめざとく見つけたＧくんが、キョウジ先生とハイタッチを交わす。

国語の授業。冒頭にＥくんが、教材の「モチモチの木」を読みたいと言い出した。高橋先生がその言葉を受けて、「じゃあ、一文ずつ文を読んでいこう。」三人が一センテンスずつを順繰りに読んでいくことになった。たどたどしい読み方であったが、一生懸命に教科書を音読する三人。漢字にふりがなをつけながら読む男子たち。高橋先生は、やや熱っぽいというJさんの横について、一緒に読んであげる。「じさま」「おぶう」「ねんねこ」「だども」「だべ」……、物語文の中に、古い言葉や言い回しが次々に出てくる。日本の子どもでも難しいだろうに、彼らの集中力はなかなかのものだ。高橋先生が切りのいいところでストップし、授業の内容に入ろうとしたのだが、Eくんが「もっと読みたい!」と主張する。

結局四〇分をかけて、三人は全文を読みきった。さすがに、あまり体調のよくないJさんはかなり疲れた様子。男子二人は、やりきったという充実感で顔を上気させている。

高橋先生によると、いつもは三、四年生で一緒に授業を行い、三年生の方が日本語力があるため、彼らはやや肩身の狭い思いをしているのだという。今日は四年生だけで伸び伸びやれたのでよかったのではないかということであった。外国人の子どもたちにとって、ワールドの教室は、「自分たちの地を出すことができる」大切な空間である。

二人の先生は、一年間を振り返って、次のようなコメントを残してくれた。

ワールドにくると、学習のしつけ面がおろそかになることもあるんですよ。どうしても、はねを伸ばしてしまうのでね。それから、外国人の子はお休みがとても多いんですよ。ある子なんかは、この間六連休しましたね。家に帰るとポルトガル語の世界なので、頭の中がリセットされてしまうようです。彼女は、まだひらがなも覚えきれないですね。

私自身は、今年はしっかりと教材研究をやりました。丁寧な授業をすると、外国人の子どもでもわかってくれたのがうれしかったです。たっぷり勉強しましたよ。これまでの授業を反省しています！　子どもたちがだんだん力をつけていくのがわかる。だから、日本の子を教えるより充実していたと言ってもいいんじゃないですか！（阿児先生）

日本の子も外国の子も、同じ東部小の子どもとして過ごせたらいいなと、ずっと思ってきました。最近、子どもたちが多少は自信をもってきたかなと思えるので、うれしいですね。授業では、わかりやすい言葉を使ったり、ルビを振ったり。内容は落とさない方がよい、と思いますね。読みたいけれど、漢字を読めない。そのことを先生に伝えられない。そういう子どもたちの味方になってやりたいなと考えてきました。

吸収力のある子は伸びますね。日本の子でも同じかもしれないけど。伸びる子は変化に敏感です。だから私は、できるだけ学習のなかで出てきた言葉を何度も使ったり、学習したことを教室にディスプレーするようにしたりしています。彼らは音楽が得意なので、言葉や知識の習得に替え歌的なものを入れてやると効果的ですね。三年生の女の子たちが、日本語をクラスでどんどん話せるようになってきたと担任の先生から聞きました。これを聞いて、たいへんうれしかったですね。（高橋先生）

私には、ワールドの教室が、外国からの子どもたちが日本の学校・社会へ巣立っていくための「孵卵器」としての役割を果たしているように思える。

†「子どもたちが磐田の環境になる」――多文化交流センター「こんにちは！」

東部小に在籍するブラジルからの子どもたちの多くが居住しているのが、学校の南にある東新町の公営団地である。そこに、彼らのもうひとつの「居場所」と言っていい、多文化交流センター「こんにちは！」がある（以下、「センター」）。東部小の外国人児童の多くが、二〇〇六年三月に新設されたこのセンターにメンバー登録をし、放課後の時間を過ごしている。

このセンターの前身は、二〇〇四年に団地内の集会所に設置された。新しく建造されたセンターは二階建てで、一階が遊びのためのスペース、二階が勉強のためのスペースとな

写真４－２　多文化交流センター「こんにちは！」

っている（写真４－２）。このセンターの運営を任されているのが、木ノ内惇子さんである。木ノ内さんは一昨年まで幼稚園の園長先生をつとめておられた方で、何とキョウジ先生の小学校時代からの幼なじみであるという。

そもそもの発端は、学校にも行けずに、親が帰ってくる七時、八時まで、弟妹の面倒を見たり、留守番をしたりしているブラジルの子どもたちの存在が明らかになったことであった。「彼らを放っておけない」と居場所づくりが始まった。

木ノ内さんは、こう語る。

子どもたちをいかに健やかに育てるかが、私たちの課題です。彼らが日本の学校生活になじんでいくための居場所をつくってあげることが、私たちのつとめだと考えました。彼らが健全に成長できるために環境を準備してあげること。なぜなら、子どもたち自身が、今度は磐田の環境となるんですから。ここを子どもたちが心をポッと出せるところにしたい。勉強するだけではなく、わがままもでき、甘えることもでき、自分の本心を出せるところにしたいと思うんです。

市の国際交流協会からの委託で事業を展開しているセンターには、一七名のスタッフがかかわっている。スタッフの年齢は三五歳から六七歳までで、男性が二名、あとは全員女性である。

現在センターには、百数十人の子どもたちが登録していて、小学生を中心に日に二〇〜三〇人の子が出入りしているという。子どもたちのタイプが多様化しており、どのあたりの層の子どもたちを中心的にケアするかが迷うところだということである。四月からの新年度では、とりあえず「真ん中あたりに位置づけられる子」、すなわち「勉強しよう」「しっかり生活しよう」「約束を守ろう」といった気持ちを持っている子どもを中心的にサポートしようと考えているという。そのためには、スタッフだけではできないので、背後にいる親たちに働きかけて、親とともに子どものことを考えていけるような形をつくりたいという目標を、木ノ内さんは語ってくれた。

さらに現在、センターが試行的に始めているのが、「初期支援」というプログラムである。これは、日本の学校に入ったばかりの子に対するケアであり、一人あたり原則として一〇時間（＝一日二時間だと五日間）限定のサポートである。二〇〇七年度は五〜六校にスタッフを派遣したという。その子が安心して日本の学校へ通うことができるように、学校の先生方の意向をふまえてサポートするという。子どもにも親にも、このプログラムは大好評ということである。

†三つの「居場所」

一九九〇年代半ば以降、全国各地で、外国人児童生徒を日本の教育システムがどう支援しうるかが大きな実践的課題となっている。磐田の東部小を訪問するようになって、私は外国からの子どもたちが、三つの「居場所」をもつことができていると感じるようになった。第一が小学校の所属学級、第二がワールドの教室、そして第三がセンターの空間である。子どもたちの表情は、所属学級→ワールド→センターの順で、屈託のない素顔に戻っていくように思われた。

センターやワールドでの子どもたちの素のままの立ち居振る舞いを見ていると、やはり通常の日本の学級は、彼らにとっては「よそいき」の場なのだなと感じざるをえない。しかし、誤解しないでいただきたい。それが悪い、と言っているのではない。良きにつけ悪しきにつけ、やはり日本の教室は、彼らにとってはサバイバルのための「戦場」なのではないか。そこをサバイバルできなければ、そもそも彼らが日本社会で生きて行くことはおぼつかない。日本の教室環境の中で、ブラジルの子どもたちはまさに、「生きる力」を獲得しようとしているのである。

ところで、磐田のあたりでは、各学校の教員がサッカーチームを結成し、定期的に試合をしていると聞いた私は、ぜひ一度皆さんとサッカーをしたいとお願いした。これが実現したのが、二年ほど前のことである。現在の研修主任である矢島一彦先生が中心になって、校内研の翌日の土曜日に近隣の小学校チームとの親善試合を実現して下さった。天竜川の河川敷でのその試合で決めたゴール、そしてそのあと数人の先生方と浸かった温泉の心地よさは、今でも鮮明に覚えている。

地域に力があり、先生方が心にゆとりをもって仕事に取り組んでおられるように見えるのが、磐田である。そうした恵まれた環境のなかに、ブラジルからの子どもたちが新しい風を起こそうとしている。

第5章

現場の底力

——大庄《おおしょう》北中学校（兵庫県）

†北中との出会い

私の出身地は、兵庫県西宮市。一九七〇年代前半、中学生時代は、サッカー小僧であった。あまり強いチームではなかったが、私はキャプテンで、センターフォワード。当時、隣の尼崎市にはめっぽう強いチームがいくつもあり、私たちはほうほうの体で学校に引き上げてくるのが常であった。今回紹介する大庄北中は、そのひとつ。私たちの時代には、全国で第三位という金字塔を打ち立てたこともある中学校である。

ともかく彼らは強く、そしてコワかった。文教都市というイメージがある西宮に対して、尼崎はかつて阪神工業地帯を代表する工業都市であった。対戦した相手選手たちは、一四、五歳だった私の目には、とても同じ中学生とは思えないほど、タフでいかつく映った。

それから時代は下り、一九八〇年代後半、私は大阪大学に助手の職を得ることができた。中学校現場を見てみたいと思っていた私は、上司であった友田泰正先生（当時人間科学部助教授）のツテで、尼崎市の中学校を紹介していただくことになった。そのとき頭に浮かんできたのが、「大庄北中」（以下「北中」）という名前だった。

私にとっては、たいへん運のよいことであったが、ちょうどそのとき北中は、「地域改善対策」をテーマとする文部省の指定研究を受けることを決めたところであった。その

「アドバイザー」的な役割を果たすという位置づけで、私はそれから数年間にわたって北中にかかわらせてもらうことになる。

私の最初の著作である、一九九一年に出版された『よみがえれ公立中学――尼崎市立「南」中学校のエスノグラフィー』（有信堂）は、北中の先生方との共同作業によって生まれたものである。共編著者になっていただいた徳田耕造先生（現尼崎市教育委員会学校教育課課長）らとは、それ以来の長いつきあいである。

ともかく北中は、私にとって、いわば「初恋の人」、とても大切な学校である。八〇年代前半には全国でも有数の荒れを経験した北中は、私がかかわらせてもらった時代には、敏腕校長のもとで学校再建に邁進中であった。「しんどい子を中心にする学校・学級づくり」のナマの姿をはじめとして、二〇代だった私がそこで教わったことは数知れない。

†尼崎調査の結果から

さらにまた、時代は下る。それ以降も、何度か北中に足を運んだことはあったが、私の前に再び北中の姿がクローズアップされてきたのが、昨年のことであった。

私の研究室では、一昨年度から尼崎市の委託を受け、市の学力実態調査の分析に携わっている。昨年度は、「効果のある学校」論の見方に立つ分析を行ったのだが、そこでの分析で北中の存在が浮かび上がってきたのであった。具体的に言うと、二年続きで成果をあげている（＝教育的に不利な環境のもとにあると思われる子どもたちの学力の下支えをしている）中学校として、北中の名前が挙がってきたのである。

図5―1をごらんいただきたい。

これは、二〇〇六（平成一八）年に実施された市内一九中学校の学力調査の結果を「効果のある学校」の観点から集計したものである。

① まず、アンケート調査の結果から、生徒集団を文化階層「高」「中」「低」の三グループにわける。具体的には、「子どものころ、読み聞かせをしてもらったことがある」「家の人と休みの日に博物館や美術館にいくことがある」といった項目についての回答パターンから、家庭の文化的環境が高いグループ、中ぐらいのグループ、相対的に低いグループというふうに、生徒たちをほぼ三分の一ずつわける。

② 五教科のテストの点数の平均点を算出し、「平均五五点」を生徒たちにクリアしてほしい基準点として設定する。

③ 各校ごとに、それぞれのグループの基準点通過率を計算する。

そのようにして出てきた結果を図示したものが、図5―1である。図の線分が高い位置にあるほど、その学校の学力が高いとみなせる。また、線分の長さが短いほど、グループ

図５―１　平成18年度　中学校別55点通過率

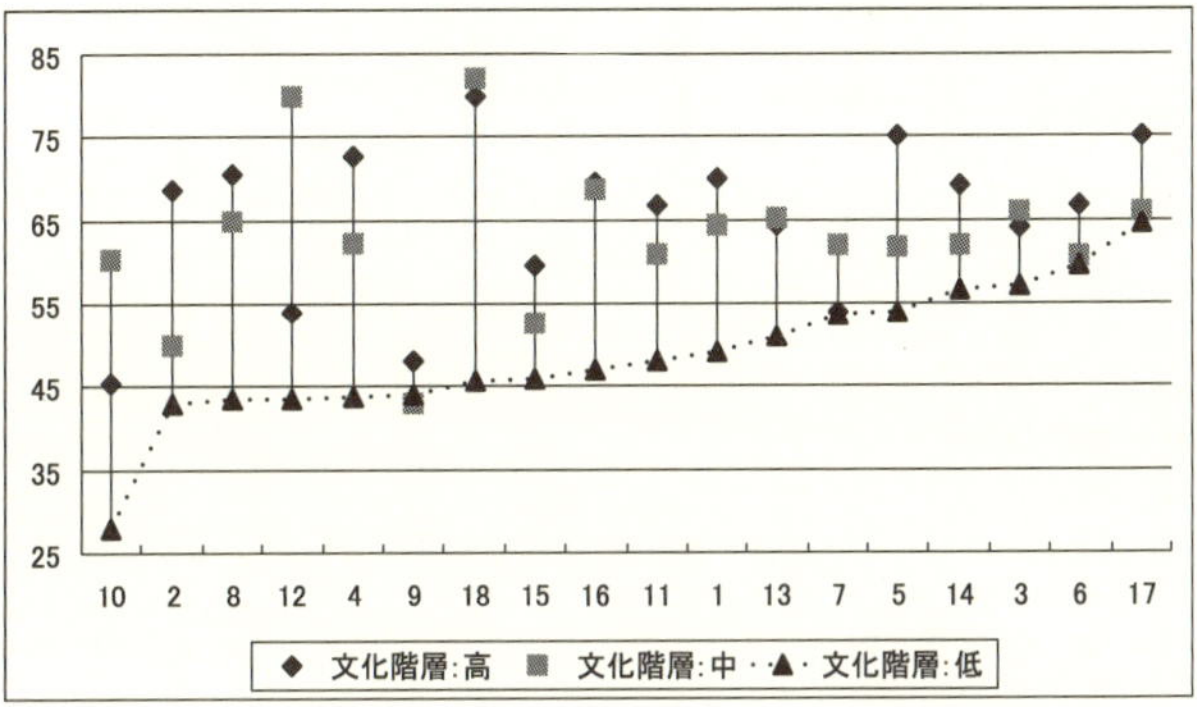

間の格差が小さい、すなわち、「しんどい層の学力が下支えされている」とみることができる。

図では、「文化階層：低」グループの生徒たちの通過率が高い順に学校を並べている。例えば、右端の17番の学校は、全体の点数も高く、格差もかなり小さい。それに対して、左端の10番の学校は、「文化階層：低」グループの成績が全くふるわない、大きな学力格差のある学校だと言える。

三つのグループの通過率がいずれも五五％を超えている場合に、その学校を「効果のある学校」とみなすと、17番、6番、3番、14番の四校がそれに該当する。これらの学校では、学力の全体水準がかなり高いだけでなく、教育的に不利な環境のもとにあると思われる生徒たちの点数を底上げすることに成功しているのである。

同様の分析を一昨年のデータについても行った結

果、二年続けて〇がついた学校が、17番と14番であった。この14番の学校が、北中である。17番の中学校は、最近二つの中学校が統合されてできあがった学校で、平均点は市内でも有数の高さである。一方、14番北中は、平均点ベースでみると必ずしもトップクラスではないのだが、「しんどい層の下支え」という点でみると二年続けて好成績をたたき出したというわけである。

私たちは、この結果に注目し、その概要を昨年の秋に大阪教育大学で開催された日本教育社会学会で発表した。その報告が、会場につめかけた参加者の大きな関心を呼んだことは言うまでもない。

†ある日の訪問から

年が明けた今年の一月のある日、私は、何年かぶりに北中に出かけていった。着任一年目の大門貞憲校長先生とははじめてお目にかかったが、教頭の井上公哉先生は、八〇年代後半の北中に勤務されていた方で、昔からの「飲み友だち」だと言えば失礼であろうか。その他にも、職員室には何人もなじみの先生が座っておられる。

そのなかのお一人、藤原賢子先生は、ソフトボール部を全国大会にまで連れていったこともある大ベテランの体育の先生。今から二〇年前の北中で拝見した、藤原先生の「学級開き」の印象は今でも鮮烈に残っている。新しい制服に身をつつんで固くなっている新入生たちに、「君らはほんとうにいい先生にあたったと思います。遊ぶときは遊ぶ、勉強するときは勉強する。私と一緒にいいクラスをつくりましょう！」その力強い言葉に、子どもたちも、教室後ろに陣取っているお母さん方も、一様に安堵の表情を浮かべたものである。

数学の山下泰由先生は、私が出入りしていた当時に、新任として北中にやってこられた先生である。その後、市北部の中学に勤務したのち、北中に戻ってきて五年が経過するという。この日私が拝見した授業は、三年生の少人数の授業。北中の数学科では、三年生で一年間通しての単純二分割の授業が行われている。生徒の数は一六、七人。山下先生お手製の模型を使っての、直方体・立方体の授業であった。あの「紅顔の美少年」だった山下先生も、今やバリバリの中堅教員。かつて北中の数学科では、しんどい生徒を中心とした抽出促進授業を行っていたが、今ではそれが少人数授業に取ってかわられている。時代の流れを感じる。

国語の平山直樹先生は、同い年ということもあって、二〇年前からずっと懇意にさせてもらっている先生だ。あごが長めであることをウリ（？）にしておられ、いつも穏やかで、柔和な表情を浮かべておられる。たいへん授業が上手で、この日は担任している三年四組の生徒たちを相手に、「ありがとうと言わない重さ」というエッセーを題材にした授業をしておられた。たいへんテンポがよく、楽しいやりとりがある授業。教室の雰囲気がとてもやわらかい。高校受験を間近に控えているため、間違いやすい漢字や四字熟語の読み書きなど、受験の得点アップに直結するような要素もしっかり取り入れられている。「名人芸」とでも言うべき授業だった。

生徒たちに対するアンケート調査を分析すると、北中生は、他中の生徒たちと比べてクラスの雰囲気を肯定的に捉えているという顕著な結果が出てきた。すなわち、「困っていると助けてくれる雰囲気がある」「いじめを許さない雰囲気がある」といった項目に対して、北中の生徒たちの回答はたいへん積極的なものとなっていたのである。

校内を歩いてみると、北中では、教師と生徒との距離がかなり近いと感じられる。下町に立地しており、「油断すると、いつ荒れるかわからない」という危機感を教師たちは有しているが、そのせいだろう、彼らはきわめてフランクに、かつ丁寧に生徒たちとかかわろうとしている。現在の校内の雰囲気は、すこぶるよい。それは間違いなく、そうした教師たちの地道な「かかわろうとする努力」の賜物だと思われる。

私の研究室の大学院生の一人、伊佐夏実さんは、二〇〇六年度から北中でフィールドワークを続けている。週に一度朝から夕方まで、いろいろなことをして校内で時間を過ごさせてもらっているのである。以下の文章は、彼女が書いた現場レポートからの一節である。

例えば、国語の授業、『奥の細道』の単元で、誰をあてるでもなく「能登半島といえば、どこでしょう」という教師の問いかけに、「熊本！」と真っ先に勢いよく答える女子生徒に、「お前ら、むちゃくちゃやなあ」と苦笑いする教師。また、数学の授業では、直方体の体積の出し方を問われ、「底辺×高さ÷二？」「縦×横×三・一四？」と、次々と適当な答えを大声でいう生徒に、「もう勘弁してくれ」とあきれる教師。子どものとぼけた回答にクラスが爆笑するという場面にしばしば出会うのだが、そうした笑いをうまく利用しながら、教師は授業を進めていく。

緊張感がないという見方をすれば、そうかもしれない。しかし、こうした「笑い」が生徒を授業に引き込む装置になっており、勉強が苦手な子でも授業に参加できる仕組みになっていると言えるだろう。もちろん、すべての子どもにとって、授業中に発言しやすく、間違ったことを言っても恥ずかしくない雰囲気があるとは言えない。そこにはやはり、授業という枠のなかでの一定の緊張感があり、教師の問いかけに小さな声で「わかりません……」と答える生徒もいる。しかし、ややもすると埋もれてしまいがちな生徒が、比較的顕在化しやすいクラス、授業の雰囲気があると言ってよいだろう。

また、教科によって多少の差はあるものの、落ち着いた雰囲気のなかで授業は進められていく。授業中寝ている子も中にはいるものの、ほとんどの生徒はまじめに授業を聞き、ノートをとっている。寝ている子への対処の仕方は、教師によってさまざまであるが、そのまま放置するということはなく、ひと声かけて授業に参加させようという試みは共通してみられる。「起きなさい」とストレートに注意する教師、生徒の近くまで行って「しんどいんか?」などと様子をうかがいながら無理に起こそうとはしない教師、中には次のようなやりとりもみられる。

一番前の席で寝ている男子。先生は彼の前に行き、しばらく様子を眺めた後、いきなり彼の頭をパシッとはたく。「イタッ!何やもう」と言って、起き上がる生徒。先生は彼の頭を両手でつかみ、左右にシェイクしながら、「あれ、今日は鳴らんなあ」とつぶやく。「普通鳴らんやろ」と答える生徒。それに対して先生が、「お前いつもカランコロン鳴っとるやんけ」と言うと、言われた生徒は笑いながら、その後の時間中寝ることもなく、授業を聞いていた。

†NHKスペシャル

このような北中が、今年の三月下旬に放映されたNHKスペシャルという番組で全国に紹介された。読者の皆さんのなかには、ご覧になった方もおられるであろう。

ことの起こりは昨年（二〇〇六年）の年末、NHK東京の若いディレクター夜久恭裕さんから私にコンタクトがあった。学校の現在の姿を報道するドキュメンタリー番組をつくろうと思っており、学力向上に成果をあげている地域・学校を紹介してくれないかということであった。私は、学力保障という観点からみてがんばっている、関西のいくつかの地域・学校の取り組みをお話しさせていただいた。その後の交渉プロセスの結果、取材クルーが入ることになったのが尼崎の大庄北中と、同じ校区を有し、北中に子どもたちを送っている浜田小学校であった。

尼崎市は、この数年間、小中学生の学力向上に向けて、大きな努力を傾けている。工業都市としての歴史をもつ尼崎の学校は、かつての「荒れた学校」のイメージで語られることが多く、実際に学力面や生徒指導面での課題も少なくない。民間ベースでの全国規模の学力テストでも、全教科で平均点が全国を下回っているという結果が出ており、抜本的な対策が必要であるという認識が市民のなかに強まっている。そのなかでの、NHKの全国放送であった。

北中についても、浜田小についても、映像の主題となったのは、「しんどい」家庭環境のもとにある特定の子どもの学力を少しでも向上させるために、担任教師がどのように働きかけているかというポイントであった。すなわち、学力保障にこだわる教師たちの、「しんどい」子どもたちへの徹底した働きかけが焦点化されたのであった。

映像はそれなりに説得的なものであり、ご覧になった視聴者は、「尼崎の先生たちはがんばっているんだなあ」という印象をもったのではないかと思う。ただ、私も感じたし、尼崎の関係者も同様にそう感じたようだが、教師一人ひとりの働きかけにフォーカスがしぼられすぎ、学校全体のスタンスや組織的な取り組みが描かれていないというのが、残念な点だった。しんどい子の学力をみんなで下支えしていこうという学校の文化というか、教師集団のこだわりがもっと描かれてよかったのではないかと思う。

しかしながら、全体としては、その番組で扱われた三つの地域・学校(あとの二つは、東京都江戸川区と福島県郡山市の中学校)のなかで、尼崎の姿が最もポジティブに描かれていたのではないかという印象をもった。それが証拠に、伊吹文科大臣(当時)も出席した、その番組の第二部の討論会には、教室に陣取った北中と浜田小の先生方が中継で生出演し、現場からの声を全国の視聴者に届けたのであった。

†基礎学力を支えたもの

三月も押しつまった春休みのある日、私は再度北中を訪問し、三年生を送り出した四人の担任の先生方に対して、三年間をふりかえっての聞き取りをさせてもらった。私が知りたかったのは、何が卒業生たちの基礎学力の水準の高さをもたらしたかということであった。

一組の担任は藤井章正先生。四〇代の、見かけは「いかつい」感じだが、やさしい目をした先生。北中勤務は八年目、NHKの番組の「主役」となった先生である。学力テストの点数がよかった原因はよくわからないけど、強いてあげれば「自主ノート」ですかね、というのが藤井先生の回答であった。

「自主ノート」というのは、多くの小中学校で取り入れている、自主学習帳のことである。神戸の高校生だったころ、担任の先生がわらばん紙を渡してくれ、何でもいいから勉強しろと言われたのが励みになって大学に合格することができたという経験を有する藤井先生は、以前から自主ノートの取り組みを行ってきたという。

一年生の担任になったとき、B5判の安いノートを買って、子どもに配布したという。ただし、「何をやってもいいよ」ではやらないので、「授業のノートを一日分写しなさい」というところからスタートした。朝提出しないと放課後に残らなければならないというルールをつくって、徹底的にやりきらせた。「ぼくはしつこく、ねちっこい方ですから……。」徐々に生徒たちがやれるようになってくると、自主的な学習に切り替えていった。中身は何でもよい。一日一ページ以上がノルマである。

二年のクラス替えの時期になったとき、生徒たちは喜んだそうである。「やっと、藤井から逃げられる……。」しかし、その見通しは甘かった。二年にあがった時期から、全四クラスで自主ノートに取り組むことになったからである。

先に登場してもらった平山先生も、自主ノートの効用について語ってくれた。平山先生は四組の担任で、三年間この学年の学年主任をつとめた。

この学年の子らは、よく勉強するようになりましたね。自主ノートの効果はあったと思います。勉強するもんや、机に向かうもんや、という癖をつけるのにね。親もうれしいしね、子どもらが机に向かってると。中身はわからんでもね。ちょっとしたコメントをこっちがつけてやると、先生は見てくれてるんやという意識をもつしね。ゴンタな子でも、仕方ないなあと。出したら、よー出したと言ってもらえるし、ほめてもらえるし。

先にあげた伊佐さんの分析によると、この学年の生徒たちの家庭学習時間は、一年生段階の三四・八分から、二年で四〇・六分、三年で五七・二分と順調に伸びていったそうである（データの出所は、北中で実施されている生活調査）。通常のアンケート結果では、中学生の家庭学習時間は二年生で大きく落ち込むのが通例であり、右肩上がりのこの北中の結果は実は「例外的」なものであると言ってよい。

自主ノートの徹底した指導が、北中生の着実な学習習慣の形成に大きく寄与したことは間違いないだろう。

三組担任の、数学の山下先生も、次のように語ってくれた。

一年のときは若干バタバタしてましたけど、二年からは落ち着いてきましたね。学年全部で自主ノートに取り組んだのが大きかったと思います。きっちりと検証はしてませんけど、習慣づけにはなりましたね。さらに三年になると、コメントの効果が大きかったです。受験前とか、不安になっている子に対して、交換日記のような使い方ができましたね。

残るお一人は、唯一、二〇代の川西勝先生。新任として北中に赴任した、いきのよい体育の先生。サッカーマンだ。

三年間、全てが印象に残っています。いやなこともしんどかったことも楽しかったことも、いろんなことを鮮明に覚えてますね。卒業式で、先生と出会えてよかった、北中でよかった、このクラスでよかったと言ってもらえたのが、この三年間の褒美なのかなと思いました。自分がやってきたことに対して、子どもたちの素直な気持ちを返してくれた。

平山先生は言う。「卒業するときの子どもたちの表情が私たちの最大の成果です。点数や進路だけで、公立学校の成果が問われる時代ですけどね。」

聞いてみて驚いたのだが、この学年は、一年から三年まで通して、この四人の先生が担任をつとめられたそうである。たまたまうまい具合にそうできたのだろうが、自主ノートの成功のかげには、三年間で培われた、安定した、信頼に裏づけられた教師と子どもたちの人間関係があったのだと思われる。

†公立学校の底力

NHKの番組の制作にあたった夜久ディレクターは、私信で次のような感想を寄せてくれた。

　我々が北中での取材を開始した三学期の始業式の日、職員室で黙々と授業の準備を進める先生たちの第一印象は「なんか……、いかつくて、熱そうな方が多いなぁ……」というものでした。ほんの数年前まで荒れていたというこの学校で鍛えられた先生方には風格が漂い、自信に満ちあふれているように感じました。事実、密着取材の二カ月間、その見かけ通りの〝熱い〟教育を何度も目の当たりにすることになったのです。

　その具体例は枚挙にいとまがないのですが、特に印象に残ったのは、生徒の親たちとの関わり方でした。昨今、子どものしつけをきちんとできないばかりでなく、子どもの進路にも無関心な親、先生がどれだけ電話しても連絡がとれない親がいるなど、そもそも〝親たちの現状〟を目の当たりにして驚いたのですが、北中の先生たちは、そうした家庭に対しても、むしろ、そういう家庭だからこそ、丁寧に、熱心に関わろうとしていました。放課後や授業の合間も、少しでも時間があるとみるや「ちょっと生徒の家に行ってきますわ。」なんて出かけていく。その腰の軽さは、我々取材のプロも見習わなければならないと感じるほどでした。

　そうしたなかで、ある先生の家庭訪問に同行取材させてもらった帰り道。先生がふとこぼした「いま、学校はどこまで家庭の役割を肩代わりすべきなのか。〝やって当然の仕事だ〟と言われたらしんどくなる」との言葉は私の心に大きく刻み込まれました。熱血漢の先生たちさえも、自分たちに対して厳しさを増す世間の目や、学校がやるべきことが増え続ける現状に対し、ある種の圧迫感を感じているのだとそのとき気づきました。

最終的に完成した番組では、どこまで伝わったかは分かりませんが、「教育現場はまだまだ底力を持っている」ということをメッセージとしました。いま、政府では教育再生を掲げ、いくつかの改革を断行しています。でも、本当にそれで北中の先生たちのような〝熱血教育力〟が今後も継続して発揮できるのか。私は今後も現場取材を通して検証していきたいと考えています。

三〇代前半の夜久さんは京都の出身であり、北中の学校文化には、かなりしっくりと来るものを感じられたようだ。「教育現場の底力」、素敵な言葉である。メディア人の共感をも勝ち取ったすばらしいものが、学校現場にはまだ残っている。

第6章
志のある学校
――聖籠《せいろう》中学校（新潟県）

†出会い

私は、二年半ほど前から、「中学校づくり研究会」という私的な研究会をつくって、二カ月に一度のペースで、現場の先生方や大学院生たちと、中学校の現状や今後のあり方について自由闊達に話す場を設けている。毎回の参加者は、三〇人前後。プログラムはその時々で異なるが、特定の中学校の組織的な実践を、その学校の先生にご登場いただいて議論の俎上にのせることが多い。

そうしたなかで、今から一年半ほど前に、はるばる新潟からお越しいただいたのが、新潟県聖籠町の教育長を務める坂口眞生先生であった。坂口先生は、二〇〇一年に町内の二つの中学が統合してできあがった新生・聖籠中学校の初代校長をつとめた方である。私は、二〇〇三年に出版された『学校という〝まち〟が創る学び――教科センター方式を核にした聖籠中学校の挑戦』(手島勇平・坂口眞生・玉井康之編、ぎょうせい)という書物を見つけて、ぜひ一度関係者のお話をうかがいたいと考えていた。編者のお一人である玉井康之さんは北海道教育大学の先生で、私と同じ教育社会学を専門としておられる。その玉井先生のご紹介で、坂口先生じきじきのご登場と相成ったわけである。

現職で聖籠中に勤務しておられる三〇代の中堅・本間先生とお二人で大阪にやってこら

れた坂口先生は、気さくな先生である。また研究会の翌日には、大阪のがんばっている学校をぜひ訪問したいということで、お忙しいなか、本書第10章で扱う松原第三中学校に足を伸ばされたたいへん熱心な先生でもある。

それ以来、今日にいたるまでに、私は都合三度、新潟の聖籠中を訪問させていただいている。聖籠中は、本書でぜひ紹介したいと私が思っていた、たいへんユニークな公立中学校のひとつである。まずは、その設立の経緯をたどってみることにしよう。

†「浜」と「在」

聖籠町は、新潟県の北部、飯豊《いいで》連峰に源をもつ加治川下流の海岸部の豊かな穀倉地帯に位置する。新潟市の北東部に隣接している、人口約一万四〇〇〇人の小さな町である。ちなみに、聖籠町が位置する北蒲原郡内にはかつて一〇町村あったが、市町村合併の結果、今日では聖籠町が郡内唯一の自治体となっている。昭和四〇年代に開発された新潟東港にある東北電力の施設が、聖籠町の財政を安定したものにしているようである。なお、「聖籠」という魅力的な町名は、九世紀に高徳な僧（聖人）が山籠りしたことに由来する聖籠山という地名から来ているそうである。

かつての聖籠町には、亀代中学校と聖籠中学校という二つの中学があった。それぞれ旧亀代村、旧聖籠村の学校である。両村が合併した一九五五（昭和三〇）年の段階で、すでに二つの中学校の統合話がもち上がっていたようである（以下の記述は、聖籠町教育委員会『聖籠町民立聖籠中学校への道』、二〇〇四年を参考にした）。

しかしながら、その話は遅々として進まなかった。というのも、地域住民のなかに、海岸側に位置する旧亀代地区を「浜」、内陸部に位置する旧聖籠地区を「在」と呼ぶ旧村意識が強く残存し、両地区の住民が容易に交じり合うことがなかったからである。そこに、農業を主たる生活基盤とする「在」の人々と、漁業をなりわいとする「浜」の人々との強い対抗意識があったことは、想像に難くない。

昭和四〇年代の新潟東港の建設と臨海工業地帯の開発に伴い、聖籠町は、大人の飲酒運転検挙率の増加、中学校での暴力事件の多発、不登校・いじめの発生など、さまざまな社会問題をかかえるようになってきた。このような社会的変化は、改めて統合中学校設立への機運を盛り上げることになったが、その筋道は、幾多の紆余曲折をはらむものであった。

ようやく町に「聖籠町統合中学校建設推進委員会」が立ち上がったのが、一九九六（平成八）年のことである。委員二〇名のうち、専門家は三名のみ（教育研究者、元県教育長、建築研究者）で、残りの一七名は会社員、農民、主婦、大工などの一般町民であったという。先進校視察、建設用地の選定、基本構想の設定、「統合中学校を育てる会」の発足などのプロセスを経たのち、ついに二〇〇一（平成一三）年四月、町民たちの熱い思いがつまった統合中学校が開校されることになった。

†威容をほこる校舎

日本には多くの公立中学校があるが、聖籠中ほど高い志のもとにつくられた中学校は、そうないのではないかと思う。まず何より、かかったお金が五八億円。いくら裕福な自治体とはいえ、人口一万人あまりの小さな町である。通常の学校の何倍もの資金をつぎこんだ、目を見張るような威容をほこる校舎が、新潟平野の田園地帯のなかに佇立している。町民たちの、子どもたちの教育に対する熱い思いがおのずと伝わってくるようだ。

私はこれまでに、聖籠中ほど立派な学校建築にお目にかかったことはない。福島県三春町の桜中学校など、よく知られたオープンスクール建築をてがけた建築家・香山《こうやま》壽夫《ひさお》氏の設計による聖籠中の校舎は、一階部分が鉄筋コンクリート造り、二階部分と屋根が木造という構造をとっている。あまりに校舎が広大であるため、先生方は校内用のPHSで連絡をとりあっている。また、玄関を入ったところには大きなスクリーンがあり、全校の時間割や全校生への連絡事項が表示されている。

しかしながら、広々とした校舎の内部は決して無機質なものではなく、ふんだんに木を取り入れた、あたたかくゆとりのある空間となっている。

聖籠中の校舎は、さまざまに工夫をこらした教室や空間から成り立っているが、これは裏を返せば、「荒れた」中学校を経験した教師ならば必ず驚くであろうような、「逃げ場」や「死角」に満ちあふれた造りとなっているということである。次にみる「教科センター方式」を取り入れているため、生徒たちは時間割にしたがって教室から教室へと移動する。五〇〇人ほどの中学生たちが、移動を繰り返すわけである。したがって、いわゆる「出席管理」に先生方が苦労することは想像に難くない。

統合前の聖籠中・亀代中では、しばしば「荒れた」状態が見られることがあったという。しかし統合後は、不登校の数は大幅に減少し、いじめや暴力行為も目に見えて少なくなった。生徒指導上の問題が皆無というわけではないが、すばらしい学校建築が子どもたちの心と体を伸びやかなものにしていることは間違いないようである。

聖籠中を訪問したある日、私は昼休みの校内をぶらついていた。「地域交流棟」にある食堂で全校一斉のにぎやかな給食をとったあとの、五〇分という長めの昼休みである。廊下に置かれたピアノの周りでは、数人の女子生徒が歓談しながらピアノを弾いている。「町民ホームベース」という部屋では、地域の人々と中学生とのミーティングがもたれている。「交流スペース」のパソコンで、ゲームや趣味のサイトに見入る生徒たち（校内全体で二〇〇台のパソコンが設置されているという)。なかには、広々とした廊下を走り回る男子らもいる。この日はなかったが、「青春広場」に設置された大型スクリーンで映画が上映されることもあるそうだ。何ともゆったりした時間の流れ。贅沢な学校空間のなかで、思い思いの昼下がりの時間を過ごす中学生たち。誰もがうらやむだろう光景である。

以下では、聖籠中の教育の特徴を、「教科センター方式」「ホームベース」「地域交流」という三つのキーワードのもとに紹介することにしよう。

†教科センター方式

統合された聖籠中の基本コンセプトが「教科センター方式」である。これは、聖籠の人々が、「先進地」福島県三春町から取り入れたアイディアである。要するに、教科ごとのエリアと教室を設置するやり方である。先生が教室に来て授業をするのではなく、生徒がそれぞれの教科の教室に移動するという方式である。欧米の中等学校では一般的だが、日本の公立中学校では、数えるほどしか先例はないだろう。

聖籠中には、「国語」・「数学」「社会」・「理科」「英語」「体育」「創造教科」(音・美・技家)という五つの職員室があり、そこが先生たちの主な活動場所で、一般の中学にあるような広い職員室は存在しない。先生たちの話を聞くと、聖籠中に赴任してきて最も勉強になるのは、教科の指導法だという。日常的に教科の教師が顔をつき合わせているので、おのずと授業を通しての生徒の姿や授業のやり方が話題となり、よい意味での競い合いが生じるという。また、全員の教師が全学年の授業を担当する方針で、教科学習がプランニングされているという。ある先生は、次のように語ってくれた。「中学校では、教師の優先順位は、部活、生徒指導、進路指導、学級経営、そして五番目あたりにやっと授業が来る、といったことになりがちです。でもここでは、まず授業が第一となりますね！」

また、聖籠中の授業は七〇分授業で、一日の授業は、午前三コマ、午後一コマの四コマである。ここ数年、より柔軟な時間割編成を目指して、国語・数学・英語等の教科で、三五分のモジュール授業を試みるようになっているという。すなわち、ある七〇分のコマを、国語と英語とで三五分ずつシェアするという時間を設定するようになっているのである。

すでに開校して七年目に入っているので、各教科で七〇分授業のスタイルを確立しているそうである。例えば、国語科などでは、授業の活動単位を一五分ユニットでつくり、四つないしは二つのユニットを組み合わせることで授業を組み立てるというように。ただし、生徒たちにとっては、七〇分授業に対応できるかどうかという点に関しては、「二極分化」の傾向ありということであった。すなわち、七〇分の授業に無理なく適応できる子と七〇分の授業には集中が続かない子がいるとのこと。先ほどのモジュール授業もふくめ、そうした生徒たちの多様性に対応するための先生方の試行錯誤が続いている。

†ホームベース

ホームベース（以下「ＨＢ」）とは、学級以外の生徒集団のことである。聖籠中に入学してきた子どもたちは、学級に所属するのと同時に、別の担任教師（ＨＢ担任）のもとにあるＨＢに所属することになる。例えば、志水という生徒が、一年二組という学級と１ＤというＨＢの二つに所属するという具合に。

現在の三年生は三三〜三四名からなる五つの学級と、二七〜二八からなる六つのＨＢに所属している。この「五学級六ＨＢ」というのが、七年前の統合聖籠中発足時点での基本的枠組みであった。すなわち、学級よりも少人数の生徒集団を編成し、生徒たちが二つの集団に属することができるようにしようというのが、発足時のコンセプトだったのである。この「ＨＢ」という考え方は、他に類例をみないようなユニークなものだと思う。

教科センター方式のもとでは、基本的に子どもたちは自分の教室や自分の机をもつことができない。そこで、ＨＢというロッカールーム的な機能をもつ場所を設定し、別の担当教師を配置する。そして、その集団を少人数・習熟度別指導を主とする国語や数学といった教科の授業、および各種の学校行事の活動単位とする一方で、通常の学級集団を道徳や学活といった授業、および一部の行事・教科の活動単位として使う。

ただ、説明を聞いてもピンと来ないという読者の方も多かろう。実は、学校を何度か訪問させていただいた私にも、いまだに両者の違いと実際の動きはすっきりとは把握できていない。開校当初は、どちらかと言うとＨＢを中心的な集団にしようという位置づけにあったようだが、三年後には通常の学級を主たる準拠集団にしようという決定がなされた。そこには、採用前の若い講師をＨＢ担任に配置し集団経営の責任をゆだねることの是非、生徒指導にかかわる情報集約のむずかしさ、保護者とのインターフェイスの問題、少子化による学級の人数とＨＢの人数との同数化等、さまざまな実践的な諸問題の噴出がかかわっていた。両方の集団が学校生活のどの側面で用いられるかについても、絶えざる修正がなされているのが現状のようである。

細かいところはさておき、皆さんに押さえておいていただきたいのは、「生徒たちを学級という単一の集団に押し込めると居場所を見つけられない生徒が出てくるため、所属集団の多元化を図った」というのが、ＨＢ設置の趣旨だったという事実である。「集団づくり」を大切に考える大阪的なアプローチとの好対照をそこに見出すことができるだろう。「多様な人間関係、多彩に用意された空間や活動のなかから、生徒たち一人ひとりが自分の居場所を見つけていく」という考え方が、聖籠中の基本コンセプトになっている。時代・社会の変化、子どもたちの変容を的確に捉えた先進性を、そこには感じとることができる。

ここで、坂口教育長にご登場願おう。

†地域交流

よい学校に子どもを入れたい、と思うのは親心ですからね。よい学校を選ぶというのはひとつの選択肢ですが、もうひとつはよい学校をつくればよいという道があるはずですよね。そちらの方をがんばりたいと思うんですよ。実は、去年は二人の小学校卒業生が、一人は私学へ、一人は中等教育学校へ、この町から進学していきました。今年は、今のところ三人ですね、私学へ合格した子は。要するに、選択する人たちがいるわけですね。だけど、いい学校へどうぞ行ってくださいという方針をとるならば、道をつくったり、交通の便をよくしたりすればよいわけで、何もこんなばかでかい学校つくる必要はないんです。でも合併しない町という道を選んでるんだから、わが町の学校を育てようということになりませんかと、私はつねづね言っているんです。

坂口先生はよく、「先生方は転勤して入れ替わっていくが、地域の人々はずっとそこにいる。だから、地域住民が主役となった学校づくりがなされなければならない」と言う。都市部に住む人間には、今ひとつピンと来ない発想かもしれないが、新潟の地でその言葉を聞くと、「むべなるかな」という思いを強くする。何しろ、私学等を中学校段階で選択する世帯が、町でわずか二～三世帯という世界である。それは、学年の半分ほどが中学受験をし、二～三割が地元の公立中学校には進学しないような地域とは別世界である。「地域に根ざした学校づくり」への思いの強さは、都市部の人々には計り知れないものがあるようだ。

さて、聖籠中には、「みらいのたね」という素敵な名前の「強い味方」がいる。学校をサポートする地域住民組織と理解していただければよいだろう。その「みらいのたね」の中核をなすのが、一五名ほどのメンバーからなる「どんぐり隊」である。どんぐり隊の最も大きな仕事は、聖籠中の一部分をなす地域交流棟の管理運営であり、その際の拠点となるのが学校内に設置されている「町民ホームベース」と呼ばれる部屋である。どんぐり隊のメンバーは、PTAの元役員、現役のPTAメンバー、退職した一般市民、小学生の子をもつ親など。ほとんどが女性であるが、聖籠中の卒業生である高校生男子もメンバーになっているという。

地域交流棟の入り口のところにある町民ホームベースには、毎日ローテーションで午前二名、午後二名のメンバーが管理人として詰めている。地域交流棟では、市民のサークル活動等が展開されているだけではなく、中学生と地域の人々（お年寄りや園児など）との交流活動が行われている（写真6―1）。先にも述べたように、生徒たちが昼食をとる食堂は地域交流棟にあるため、生徒と地域住民の接触はきわめて日常的である。まさにその姿は、「学校というまち」という言葉がぴったりと来るものである。

どんぐり隊のメンバーからは、次のような声が聞かれた。「小さな子どもも連れて来ます。部屋で遊んだり、中学生と交流したり。新しい人と知り合いになれるのがいいですね。」「抱いていた中学生のイメージが変わった。そんなに恐くないと思いました！」「子どもが卒業しても続けています。ボランティアとして、学校の力になりたいと思っていま す。」「何と言っても、いろいろな人と出会えるのがやりがいですね。」「幼稚園の仕事をやめ、ポツンとしているのも何だと。校内を歩いたり、畑づくりをしたりして、顔見知りの中学生に会えるのが楽しいです。」「最初はどう動いてよいかわからなかったけど、今はみんなと一緒にやれていると思います。」（写真6―2）

一方で、長くかかわっているベテランメンバーからは、次のような「ホンネ」も聞かれた。「最近は、やや先生方とのつながりがうすくなっている気がしますね。昔はもっと気

写真6－1　町民ホームベース①

写真6－2　町民ホームベース②

軽に、この部屋にお茶を飲みにきてくれたりしていたんですけどね。今は、ずいぶん忙しそうですね。」「今年は、この町民ホームベースに出入りする中学生が少ない感じですね。かつては、冷蔵庫をバーンと開けて、中の飲み物を飲んでいくような元気な子がいたけど、この何年かは、遊ぶ相手のいないタイプの子の居場所となっているような傾向がありますね。」

†「未来を語る会」

今年の三月に開催された「聖籠中学校の未来を語る会」に、私は、研究室の院生たちとともに参加させていただいた。朝の公開授業参観のあと、校内の「青春広場」という場所で、地域住民に対して一年間の活動報告がなされるのである。七、八〇名ほど集まった参加者は、床暖房の効いた木製のフロアに腰をおろし、先生方からの報告を聞いたあと、質問を投げかける。以前には、この会は、「聖中株主総会」と呼ばれていたらしい。

整然と進んでいるようにみえた会が、がぜん紛糾したのは、坂口教育長のあとを受け、新校の第二代校長となり、さらなる学校改革に邁進している市島誠一校長が、来年度の方針として「学級とHBの編成をひとつにまとめたいと考えている」と提案したときのことであった。口火を切ったのは、草創期から「みらいのたね」の主要メンバーとして活動してきた女性の「ＨＢは町民の願いが結集したもので、新しい聖籠中のシンボル。それを簡単にかえてよいのか。教育長、答えてください」という発言であった。以下、さまざまな住民から真摯な意見が、次から次へと出され、一時間ほどにわたって議論は白熱した。

市島校長が最終的に、「この問題は来年度一年をかけてじっくりと検討したのち、皆さんの納得を得られる形での最終判断を行いたいと思います」と発言し、その場はお開きとなった。私は、いまだかつて、学校側と住民側が対等な立場で、学校運営をめぐって、このように活発かつ実質的な議論を交わす場面に出会ったことはない。

現在聖籠中は、県下ではじめての「コミュニティ・スクール」としての実体を備えるべく、「学校運営協議会」を試行的にスタートさせている。私たちがたまたま遭遇した活発な議論は、「おらが町の、おらが学校をつくろう」という地域住民の気概を十二分に感じさせてくれるものであった。

五十数億円を投じて建設した「新しい器」に、「土の人」としての地域住民と「風の人」としての教師集団がどのようなすばらしい「酒」を盛っていくのか。その動きを、大阪の地からじっくりと見守っていきたいと思う。

第7章

効果のある学校

――寝屋川《ねやがわ》第四中学校（大阪府）

†「効果のある学校」とは

私たちの研究グループでは、関西の地でこの五年間ほど、欧米の「効果のある学校」(effective schools) 論の枠組みにもとづいた調査研究を継続している。ここで言う「効果のある学校」とは、ごく簡単に言えば、「しんどい層の基礎学力の下支えに成功している」学校のことである。

今日の日本社会では、経済的な格差の拡大を中心とする、いわゆる「階層分化」状況が進行しつつある。他方で、各種の調査結果が明らかにしているように、「二こぶラクダ化」や「二極化」といった言葉で表現されるような、学力格差の拡大傾向が顕著になりつつある。そして、この「家庭の経済格差」と「学力の格差」とは、密接な関係性を有している。すなわち、子どもたちの家庭背景と学力との結びつきが依然よりも顕著なものとなっており、「できる子」は豊かな階層の子どもたち、「できない子」は各種の不利をかかえた階層の子どもたちという分極化傾向が、誰の目にも明らかになりつつあるのである。

こうした状況のなかで、「しんどい層」、すなわち「教育的に不利な環境のもとにある子どもたち」の基礎学力の水準の引き上げに成功している「効果のある学校」の存在は、私たちを大いに勇気づけてくれるものである。ここで紹介する寝屋川第四中学校は、そうした「効果のある学校」のひとつである。

†「効果のある学校」としての寝屋川四中

二〇〇四年に実施した学校効果調査において、私たちはいくつかの「効果のある学校」の存在を確認することができた（鍋島祥郎他『学校効果調査2004報告書』、大阪市立大学人権問題研究センター）。そのひとつが、寝屋川四中である。その際に見出された「効果のある学校」のいくつかを継続的に訪問することによって、私たちは「しんどい子に学力をつける七つの法則」なるものを導き出した。その詳細については、志水『学力を育てる』（岩波新書）、第4章を参照願いたい。

昨年（二〇〇六年）大阪府で、二度目の大規模な学力等実態調査が行われ、私たちの研究室でその分析のお手伝いをすることになった。そこでまたしても、寝屋川四中（以下、「四中」）は「効果のある学校」と判定された。

表7―1をごらんいただきたい。これが、そのときの結果からの抜粋である。私たちは、以下のような手順で「効果のある学校」の析出を試みた。

1）ハードルとしての「基準点」を設定する。

私たちの方法の特徴は、各校の「平均点」の高さを問題にするのではなく、「通過率」

を指標として、「効果のある学校」を導き出すというものである。今回の調査では、小学校の二教科（国・算）の平均得点は一三五点、中学校の三教科（国・数・英）の平均得点は一七五点であった。そこで、小学校では一一〇点（一教科あたり五五点）、中学校では一五〇点（同五〇点）を、子どもたちに獲得してほしい基礎学力の水準を示す基準点として設定した。

2）子どもたちをグループ化する「階層指標」として、「通塾」「文化階層」の二つを設定する。

今回設定した階層指標は、「通塾」（「通塾」or「非通塾」）と「文化階層」（「上位」「中位」「下位」）の二つである。文化階層とは、子どもたちに対するアンケート調査の結果から作成した指標である。具体的には、「小さいころ、家の人が絵本を読んでくれた」「博物館や美術館につれていってもらったことがある」「勉強をみてもらったことがある」「家の人が学校の様子をきいてくれる」「参考書や辞書などが家にある」という五項目からなる尺度をつくり、対象者がほぼ三分の一ずつになるように「上位」「中位」「下位」にグルーピングした。

3）それらに指標によってできるグループ別に、通過率を算出する。

表に出てくる五つの数値が、すべて五五％を超えている場合に、その学校を「効果のあ

表7―1　「効果のある学校」の析出

学校名	通塾		文化階層			学校効果	要保護率	生徒数	平均点
	通塾	非通塾	上位	中位	下位				
A1	95.1	83.3	93.6	87.9	90.9	○	1	92	215.1
A2	93.6	57.1	89.3	96.3	52.4		3	110	211.8
A3	100.0	75.0	94.1	81.3	76.5	○	3	51	211.6
A4	96.6	57.1	88.5	94.1	68.4	○	1	79	210.9
A5	87.5	57.1	95.2	66.7	61.1	○	2	79	210
B1	80.9	50.0	79.3	78.4	53.3		3	99	181.2
B2	73.9	42.1	81.1	61.1	57.1		3	276	180.8
B3寝屋川四中	73.4	64.1	84.8	66.7	57.1	○	3	107	179
B4	86.2	63.8	82.8	79.2	59.5	○	2	163	179
B5	83.0	50.0	82.4	83.3	56.3		2	84	178.4
C1	69.7	28.0	55.6	33.3	42.6		4	87	146.7
C2	70.4	32.7	55.6	40.0	27.8		4	79	140.2
C3	57.6	21.1	64.7	43.5	16.7		4	82	139.5
C4	47.4	46.7	26.3	52.9	62.5		4	55	136.1
C5	36.4	26.4	50.0	36.7	10.8		2	105	136
全体	75.7	49.9	75.4	67.7	53.5			17312	

注　要保護率　1:「1%未満」 2:「1%以上3%未満」 3:「3%以上5%未満」 4:「5%以上」

る学校」と判定する。すなわち、「非通塾」や「文化階層下位」の子どもたちの通過率を一定程度高めることに成功している学校を、「効果のある学校」とみなそうというわけである。

前置きが長くなってしまったが、表7―1をじっくりごらんいただきたい。表には、分析対象となった大阪府下の一一八校の中学校のうち、三つのグループに属する中学校一五校の結果が並べてある。

上段のAグループの五校は、最も平均点が高いグループであり、一一八校中トップの「A1」校の平均点は二一五点（一教科あたり七二点ほど）に達している。このグループでは、五校中四校が「効果のある学校」という判定となった（表中の○印）。唯一○のついていない「A２」校では、「下位」グループの通過率が五二・四％となっており、基準の五五％に達していない。

逆に、下段のCグループの五校は最も平均点の水準が低い中学校であり、最下位の「C５」校の平均点は一三六点（一教科あたり四五点ほど）と、Aグループの学校とは大きな隔たりがある。残念ながら、このグループのなかには、「効果のある学校」を見出すことはできない。「要保護率」の欄をみると、Cグループの中学校は、地域の社会経済的背景がきわめて厳しい場合がほとんどである、という事情をうかがい知ることができる。

中段に位置するBグループは、平均点ベースで「上の下」から「中の上」あたりに位置づけられるグループであり、「B３」校が、本章で扱う寝屋川四中である。このグループでは、五校中二つ（「四中」をふくむ）の中学校が「効果のある学校」と判定されている。四中（B３）とそのすぐ上の「B２」校（たまたま同じ寝屋川市の中学である）の数値を比べると、「非通塾」の数値が大きく異なっており（六四・一％対四二・一％）、そこが分岐点となっていることがわかる。すなわち、平均点が同水準にあるにもかかわらず、四中は塾に行っていない生徒の学力をかなりの程度底上げできているのに対し、「B２」校ではそれができていない。勝負の「分かれ目」はそこにあるのだ。

†どんな学校か

さて、四中がある寝屋川市は、大阪府の北東部、淀川の東側に位置する、人口二四万人余りのベッドタウンである。北河内と呼ばれる地域の中心都市であり、人口密度が高い町としても知られている。

淀川と並行するように、京都と大阪とを結んでいるJR学研都市線（片町線）の東寝屋川駅を降り、西側に五分ぐらい歩いたところに四中はある。線路の東側は生駒山系の山すそとなっており、四中は、府が管理する広大な寝屋川公園に隣接する場所に立地している。緑に恵まれた、落ちついた周辺環境だ。

四中の第一印象は、規律の行き届いた学校であるというものである。規律というと、表現としては硬すぎるかもしれない。「けじめのある雰囲気が支配する中学校」といった方が、より適切だろう。

四中では、朝の始業時以外にはチャイムは鳴らない。にもかかわらず、すべての授業が、時間通りにすっと始まる。先生方は授業開始時までに教室に入るように心がけており、生徒たちも休み時間内での教室間移動を当然のことと考えている。先にふれた大阪府の実態調査における生徒アンケートでも、四中生の回答は「チャイムが鳴るとすぐ授業が始まる」（実際は、鳴らないのだが……）や「教室の机は整っている」といった項目で、府平均を大きく上回るものとなっていた。

　大阪の学校にありがちな、先生と生徒との間の、友だちづきあいのような近しい関係は、四中ではあまり見られない。感覚的な表現になるが、「べたっとした」ところが少ないのである。先生と生徒との間に一線が画されている感じだと言えばよいか。

　そんなことはあたり前ではないか、と読者の方々は思うかもしれない。しかしながら、大阪の学校では、先生と生徒がかけあい漫才をやっているような光景に出くわすことが珍しくない。良きにつけ、悪しきにつけ、大阪における先生と生徒の距離はおそらく日本のなかでも最も小さいのではないかと、日々私は感じている。しかし四中は、そうした「典型的」な大阪の中学校とは、タイプが異なる学校なのである。

　かと言って、先生方と生徒たちの関係がよそよそしいものであるかというと、全くそうではない。例えば、後にふれる「チャレンジ学習」と呼ばれる、数学と英語における習熟度別授業の時間では、ほとんど一対一の関係で、プリント学習に取り組む先生と生徒の仲むつまじい（!?）姿が見られる。親身に教えようとする先生。必死にわかろう、できるようになろうとする生徒。私はその姿をみると、なぜか「寺子屋」の情景を思い浮かべてしまう。現代の寺子屋がそこにある、という感じがするのである。

もう一点ふれておきたいのは、ランチルームの存在である。それは要するに、独立して建てられている「大きめの食堂」である。四中は、かつていわゆる同和教育推進校であり、同和教育の流れのなかで、それが建設されたのだという。毎日そこで、全校生徒および全教職員が一斉に昼食をとる。昼食といっても給食があるわけではない。それぞれが弁当をもってきて、あるいはランチルームで販売されているパンを買い求めたりして、食事をとるのである。私も二度ほど体験させていただいたが、それはそれは壮観である。何しろ、四〇〇人近い人間が、二〇分という短い時間のなかで、一緒にごはんを食べるのだから。

ただ一緒にごはんを食べるだけのことであるが、そのことが生徒指導面でもつ意義は計り知れないと私は感じる。「かつて荒れていた時期は、昼食の時間は大変でしたよ」とあるベテラン教師が教えてくれたが、現在の四中生の姿からは想像もできないことである。家族的な雰囲気というには大きすぎる規模だが、そのような形容がおかしくないほどの素敵な空気が、四中のランチルームには流れている。

†学力向上の取り組み

四中では、きわめてシステマティックに学力向上の取り組みが進められている。

学校が毎年保護者向けに作成している『四中教育』(二〇〇七年版)という冊子を参照し

ながら、特徴的な取り組みを二点にしぼって紹介しておこう。

第一に、先にもふれた「チャレンジ学習」。これは、「少人数指導による習熟度別学習」と説明される。一年では数学、二・三年では数学と英語について、週一度「チャレンジ」の時間が設定されている。それぞれにおいて、一学級が「A（発展）」「B（基礎充実）」「C（基礎）」の三つのコースにわかれる。コース分けは教師のすすめによるが、本人や保護者の希望が一致しない場合は、本人・保護者の希望が優先される。例えばクラスが三〇人だとすると、Cコースには五人程度、Bコースには一〇人程度、Aコースには一五人程度が入ることになる。

特筆すべきは、最も学力がしんどい層が学ぶCコースには、他学年や他教科の教師も含めて数人の教師が指導に入るという点である。私が見学させていただいたチャレンジの授業では、例えば五人の生徒に四人の教師がつくといった形がふつうに見られた。その形を実現させるためには、年度当初に周到な時間割設定の作業が必要となるし、各々の教師の持ち時間も、通常の中学校においてよりも若干多くなる。

このチャレンジ学習は、しんどい層の学力補充に絶大な効果を発揮しているように見えた。ここでは、ほとんどマンツーマンで指導が行われる。通常の授業では、「お客さん」のようになりがちな生徒でも、ここに来れば「素顔」を出して、じっくりと勉強に取り組むことができる。そうした時間が、二・三年生では、週に二コマ設定されているのである。

またこのチャレンジの時間は、教師側にとっても大きなメリットがある。まず、個々の教師にとっては、通常授業よりも親密に生徒とかかわる機会をもつことができる。さらに、教師集団全体にとっては、ともすれば個別責任に陥りやすい学力の問題を教科や学年を越えた全職員の共通課題とすることができる。

一石二鳥、いや一石三鳥ほどの効果をもつのが、四中のチャレンジ学習である。

第二に、「補習学習」があげられる。これは、金曜の放課後（六時間目の時間帯、前半と後半の二部編成となっている）に設定される「テストと補習」の時間である。まず各教科で、基礎基本の習得にしぼった確認テストが日常的に実施される。それには「合格ライン」が設定されており、それに達しない生徒が金曜放課後に「補習」を受けることになる（なお、金曜の放課後には、原則として部活動は行われない）。「補習」の時間の最初に「再テスト」が行われ、合格すれば下校することができる。不合格の場合、「補習」となり、時間内に「再々テスト」を受けたり、教科によっては「宿題」が課されたりする。

私自身はまだ、この補習の時間を見学したことがないのだが、間違いなくこの「補習」は四中「名物」のひとつと言ってもよいだろう。確認テストは四中の授業に深く定着しているようであり、毎週の補習の設定は、四中生の着実な学習習慣の形成に大きな役割を果たしていると思われる。

この他にも、一〇段階の相対評価を各教科でどのようにつけるのかが明示された「成績カード」の存在、全教科での取り組み（教科間協働）を可能にするための「宿題リスト」の明示、先にふれた「ノーチャイム」の実施、また「朝の一〇分間の読書タイム」の実施など、いくつもの取り組みが体系的に用意されている。いわば、生徒たちが「いやおうなく」日々の学習に真摯に取り組まざるをえない形ないしは枠組みが、校内にびしっと整備されているのである。

†「司令塔」

この四中には、「司令塔」と呼べるような存在感を放っている教師がいる。五〇代半ば、四中での勤務が一一年目となる、教務主任の小林光彦先生がその人である。着任時の「荒れ」を「荒療治」をも交えて建て直し、現在の四中教育の骨格をつくり上げてきたのが小林先生である。現在の管理職の先生方や市教委の方々も一目も二目もおいている小林先生の手腕と実績は、群を抜いたものである。

いわゆる「運動世代」に属し、大柄な体軀と強い意志ある視線が印象的な小林先生は、飄々と四中の先生方・生徒たちを引っ張っていっている。表7―1に示した結果を見た際には、氏は、「ホンマかいな。あの学年は、この一〇年でもっとも学力的にはしんどかった学年やで。よっぽど府全体の結果が悪いちゅうことやな」とコメントをしてくれた。

表現はよくないかもしれないが、決して「特別優秀」とは言えない学年の生徒たちが、「効果のある学校」としてのパフォーマンスを示したわけである。生徒たちのがんばりもあるに違いないが、やはり私には、先にその一端を紹介した四中の基礎学力保障のシステムがうまく機能したのだろうというふうに思える。生徒集団の質や学年担当教師集団の力量のいかんにかかわらず、ある程度の「実績」をあげることを可能にする力を、そのシステムは有していると考えられるのである。

私の手元に、寝屋川市教育研修センターが二〇〇二年に刊行した『四中教育――教育実践報告集』という冊子がある。小林先生の手によって書かれたものだが、そこには、「荒れ」の状態から脱し、よりよい学校をつくっていくためには、教師集団のまとまりが不可欠であるという観点から、次のような問題提起がなされている（同上書、一一五〜一一六頁）。

① 教職員は誰でも自己実現の欲求を持っている。意味のある仕事をしたい、集団の役に立っている、正当・公正な評価を受けたい、がんばったことに対応するだけの成果を確信したい、などです。

② 人間関係の改善は「仕事」を介しておこない、それとは無関係に「仲良しになる」という方針はとらない。

③ 組織活性化の問題を、各個人の態度・意欲・性格・心などと結びつけない。人間の変化を直接には求めない。あくまで、教育実践をすすめるための「課題」にどこまで取り組めたかにおく。

④ 発生するすべての課題は、四中が今後発展するための財産であると捉える。つまり課題を処理的にではなく、研究的に扱うということです。

⑤ 最長三年という期限を決めて、土台づくりに着手する。土台とは学校に最低限求められる「安全」と「安心」です。

この問題提起をスタートラインとした、九〇年代後半からの四中の「学校建て直し」と「新たな学校文化構築」の物語は、たいへんに印象深いものである。小林先生の透徹した分析力と周到・綿密な組織構成力に導かれて、四中は大きく変わっていき、今日「効果のある学校」としての内実を見事に備えるようになったのである。

†夏の合宿で

八月の初旬に、生駒山の山頂近くの宿泊施設で、四中の夏季合宿研修会がもたれた。「第一回め」という記念すべきその宿泊研のテーマは、「学力向上の基礎となる『生徒指導力』とは何かを追究する」というものであった。講師として呼んでいただいた私も、初日の朝から夕方までおつきあいをさせてもらった。

この宿泊研には、二つのねらいが設定されていたように思う。ひとつは、四中教育の到達点を教職員全体で再確認し、新たな取り組みに着手するモーメントをつくり出すこと。そして今ひとつは、ここ数年でどんどん増えつつある二〇代の若い教員の、四中教師としての成長を促す場とすること。スケジュールの関係で、「夜の部」に参加できなかったことが返すがえすも残念だったが、きっと夜を徹しての「議論」を通じて、若手の先生たちはふだんの学校生活では経験できない、貴重な「刺激」を先輩の先生方から受けたのではないかと想像する。

初日の基調提起において、小林先生から、「学級ユニット制」構想なるものが提案された。来年度の入学生（新一年生）に対して、ユニット制という新しい生徒組織を導入しようというのである。第6章で紹介した新潟県の聖籠中学校に、かつて小林先生らと見学に行ったことがあったのだが、そこで取り組まれていた「ホームベース」制が、この四中の「ユニット」構想のベースにあると考えられる。

具体的には、ひとつの「学級」を二つに分割したものが「ユニット」である。来年度の入学者は三クラス分になる予定なので、順調にいけば六ユニットが編成されることになる。それを、若手三名をふくむ、六名の担任で見ていこうというのがユニット制の基本アイディアだ。授業は二ユニット合同で行われるが、生徒指導の基本単位はあくまでもユニットである。生徒たちに一五人程度という少人数の所属集団を与えることによって、「中一ギャップ」(小六と中一の間にある教え方の段差)を減少させ、中学校的な集団づくりの基礎固めをしようというのである。若手教員にとっても、三十数名の学級を掌握するより、先輩教師とペアを組んで、その半分の規模のユニットを担当する方がずっと指導がやりやすいに違いない。そうした若手育成のコンセプトをも、このユニット制は包含している。

進化を続ける四中の取り組みの「次の一手」が、このユニット制である。まだ先のことではあるが、その取り組みの成果がどのようなものになるか、今からとても楽しみである。

四中教育の背景には、個々の教師の力をバラバラにではなく、システムとして発揮させようという哲学がある。「効果のある学校」としての四中の成果を生み出しているのはその哲学であり、その哲学を具現化している先生方の存在である。

第8章

「みんな」でつくる――豊川中学校（大阪府）

†とよかわネットとは

豊川中は、阪大吹田キャンパスがある吹田市に隣接する大阪府茨木市にある。北摂地域の人権・同和教育の拠点校としても知られてきた公立中学校である。私の研究室ではこの豊川中を中心として行われている「とよかわネット」の活動に二〇〇五年度から参画させていただいている。正式名称は「豊川中学校区教育協議会」、通称「豊川きょういくコミュニティーネット」、さらに略して「とよかわネット」、要するに豊川中学校区の教育連携組織のことである。

大阪にお住まいの読者の方々にはおなじみであろうが、大阪府内（大阪市をのぞく）の中学校区には、現在もれなく「地域教育協議会」（通称「すこやかネット」）という組織が設置されている。その背景にあるのが、大阪大学教授だった故池田寛先生の「教育コミュニティ」という考え方である。

「教育コミュニティ」とは、学校と地域が協働して子どもの発達や教育のことを考え、具体的な活動を展開していく仕組みや運動のことを指している。

教育コミュニティづくりを進めていくのは、教師、地域住民、保護者、そして行政関係者やNPOの人びとである。これらの人びとが、「ともに頭を寄せ合い子どもたちのことを考え、いっしょに汗を流しながらさまざまな活動に取り組むこと」が教育コミュニティづくりのかたちであり、「ともに集う場」「共通の課題」「力を合わせて取り組む活動」がその基本的要素である。（池田寛『人権教育の未来』解放出版社、二〇〇五年、一一～一二頁）

豊川中校区では、一九八〇年代前半に設置された「豊川同研」などを母体として、校種間連携・地域連携活動を推進する「とよかわネット」が立ち上がった。「一八歳時点で多様な進路選択のできる子どもを育てよう」「子育てにつよい人権感覚あふれる町づくりをしよう」を合言葉に、学校と地域とが一体となったさまざまな取り組みがとよかわネットを舞台に展開されている。現在では、毎月定期的に開かれる事務局会議を中心に、実際の活動の企画運営がなされている。「保・小」「小・中」「中・高」の各連絡会と、「学力保障」「障害児教育」「小・中生活指導」の各部会も毎月開催されている。

事務局会議に参加するのは、道祖本《さいのもと》保育所、豊川小、郡山小、彩都西小、豊川中、福井高校、豊川青少年センター、そしてわが研究室の八組織である。私も事務局員として、できるだけ月例の会議に参加するようにしている。毎回二時間強にわたって開かれる事務局会議では、さまざまな事柄が議題に取り上げられるが、とりわけ興味深いのが最後にもたれる「交流」の時間である。各校園の子どもたちの現状について、ざっくばらんな意見交換がなされる。もちろんいい話ばかりではないが、例えば、「小学校時代は大変だったようだが、○○ちゃんは高校ではこんなにがんばっている」等、うれしい話題が提出されることも多い。教育コミュニティづくりの真髄をみる思いがするのは、そのようなときである。

大阪であれば、どこにでも「地域教育協議会」(=すこやかネット)は存在している。しかしながら、それらがすべての地域で実質的に機能しているというわけでもない。そうしたなかで、とよかわネットは最も活発に活動を展開している組織のひとつである。何よりも、それにかかわる人びとが固有名詞的につながりあい、たしかな人間関係を築いている。そうした地域は、大阪広しと言えども、そう多くはないのではと思う。

†キーパーソン

田中宏和先生。新任として豊川中に赴任してきて一二年めになる、三〇代半ば。校内では「同担」(同和教育担当教員)をつとめ、とよかわネットでは事務局長の職にある。周囲の人間は、親しみをこめて「ひろかずさん」「ひろかずくん」と呼ぶ。山口県の自然の中で伸び伸びと育った「ガキ大将」がそのまま大人になった感じといえば、失礼だろうか。スポーツ刈りの頭に、派手な柄のTシャツというのが、彼のトレードマークである。要職にあるのだが、ネクタイ姿はほとんど見たことがない。豊川中学校区の教育コミュニティづくりの「扇の要」の位置にいるのが、そのひろかずさんである。

彼が豊川中に着任したのが一九九六年のこと。この一〇年の間に、学校の規模（生徒数）はほぼ半減したという。来た当初は中学校に特有の「学年主義」でやっていたが、ほどなくそれではうまく学校が回らなくなったという。学校全体での取り組み、あるいは教育コミュニティ的な活動の推進は、理念先行的なものと言うよりは、必要に迫られてという部分が少なからずあると考えてよいだろう。

中学校の同担兼とよかわネットの事務局長として四年目となるひろかずさんの問題意識の原点は、「同和地区の子がしんどいことから逃げる」という現状認識にある。「すごくいい学年をつくっても、最後に落ちていく。つながりながら、落ちていく。」具体的には、同和地区の子が高校に行くことを放棄したり、進学してもすぐに退学したりしてしまう事態が、数年前に続いたのだという。

そうした事態を克服すべく、今日の豊川中では、後述するように「日々の授業のなかで、彼らにしっかりとした力をつけること」を目標とした授業改革・学校づくりが展開されている。また、「課題の水準を下げると伸びない」という認識のもとに、子どもたちの学力向上が図られている。

もう一人のキーパーソンは、とよかわネットの座長をつとめる、豊川中の畑慶之助校長である。今からさかのぼることほぼ三〇年前の、一九七六年に新任として赴任し、一四年にわたって豊川中に勤務した。その後他中を経験し、豊川青少年会館（現豊川青少年センター）の館長をつとめたあと、二〇〇五年度より校長として豊川中に戻ってきた畑先生は、いつも温和な表情を浮かべておられる。

途中数年のブランクはあるものの、ほぼ二〇年にわたって豊川中および同和地区の子どもたちとかかわってきた畑先生は、無我夢中で子どもたちとかかわっていた時代から、八〇年代に入ると、豊川中でも同和教育を理論的に整理しようとする努力が払われるようになったという。同時に八〇年前半に豊川同研という組織ができ、保育所・小学校・中学校が連携して同和地区の子どもたちの学力・進路保障に当たるという体制が整った。また、「班」にこだわった集団づくりや仲間づくりもスタートした。さらに九〇年代半ばからは、従来の「抽出促進」に替わって「分割」「少人数」指導といった授業方式がとられるようになり、小中での合同授業研が行われるようになったという。

校長として学校現場を率いる立場にある畑先生は、豊川中という職場を次のように語ってくれた。

うちの教師は子どもに対して誠実やと思います。誠実、まじめ。それがやっぱり一番の力になってるかな。スーパーマンみたいな人はいないけど、まじめに、こつこつと。子どもをバカにするような人はいませんが、子どものことをボロクソに言うたりね、そういう会話はないですわ。子どものためと思ったら、本当によくがんばる。ありがたいです。申し訳ないと感じるぐらいです。

†豊川中の学校文化

豊川中をはじめて訪問した学生たちは、ほぼ異口同音に「先生方が厳しくない（＝甘い）」という感想を述べる。私自身も、最初はそのような印象をもった。人は、それまでの自己の経験をベースに、新しい経験を判断・評価するものである。自分自身の中学校体験や世間一般の中学校イメージと比べた場合、豊川中の学校文化はかなり「ゆるやか」なものである。

具体的に言うなら、生徒たちのけじめのない振る舞いがあっても、豊川中の教師は頭ごなしに叱るということをしない。他中では一般的に見られるであろう、厳しい口調で生徒たちを指導するという場面にも、ほとんど遭遇することはない。豊川中のやり方は、「怒る」「指示する」というよりは、「さとす」「アドバイスする」という類のものにより近い。「包み込む指導」とでも言おうか。

それは、なぜか。第一にあげられるのは、豊川中校区がもつ「生活のしんどさ」であろう。豊川中には現在、三つの小学校から子どもたちが集まってくる。豊川小学校は、豊川中同様に同和地区を校区に有する学校である。また、児童のほとんどが七〇年代に開発された団地から通ってくる郡山小学校では、就学援助率が府内でもかなり高い部類に属し、また外国籍の子どもたちの数も二〇人近くを数える。そして彩都西小学校は、数年前にニュータウンに新設された学校で、家庭の経済水準は相対的に高いが、一般に言われているような子育て上の課題はやはりある。それらの小学校からあがってくる子どもたちのなかには、教師たちの「強い」指導にすんなりと乗れない、あるいは乗ってこない者がかなりの数存在するようである。

授業づくりや学習指導に専念できるようなタイプの学校とは異なり、「教育」の範囲を超えた、「福祉」の領域に及ぶような仕事をも教師たちはこなさなければならない。端的な例が「不登校」である。どこの公立中学でも似たような状況になりつつあるのかもしれないが、豊川中でも各クラスに一〜二名程度の不登校生がいる。教師や仲間たちの日常的な働きかけがあるにもかかわらず、なかなか学校に出て来られない子どもの率は市内でも高い方である。そのなかでも多いのが、複雑な家庭環境をもち、家族の養育力が問題になるケースである。

昨年度（二〇〇六年度）、不登校支援対策員として豊川中に週三回ほどのペースで勤務し、現在は豊川青少年センターで嘱託職員をつとめる私の研究室出身の木村安絵さんは、不登校生とのかかわりをテーマとした論文の中で、次のような指摘を行っている。

Z中（豊川中のこと）の教師は、課題を抱えた生徒の学びを阻害する要因やしがらみを取り払い、落ち着いて学習に取り組めるような環境を整備することを重視している。すべての子どもの学ぶ権利を保障し、社会参加できる力を養うために授業改革や集団づくりに取り組んでいた。また、教師は、経済的社会的に不利な立場に置かれた不登校生には、特に中学校区を中心とした地域ネットワークの中で進路を開拓し、進路を保障することで、不登校生と社会とのネットワークを維持して、引きこもりにさせないことを重視していた。（木村安絵「生活困難層の不登校生に関する一考察」、大阪大学教育文化学研究室『教育文化学年報』第2号、二〇〇六年、九二～九三頁）

やや生硬ではあるが、豊川中の学校文化の特徴を的確に捉えた文章である。畑先生によると、「しんどい子にこだわる」というスタンスはずっと以前からのものであるが、「包み込む指導」への強いこだわりは比較的最近のものだという。ひろかずさんらがリードしてきた、近年の授業改革を中心とした新たな学校づくりのプロセスの中で、そうした指導のあり方が発展してきたようである。ひろかずさんは、「暴力は何も解決しない」と断言し、次のように語る。

表面的な部分を捉えて叱ったり、指導をすることは簡単やけど、それでは仲間とつなぐことであったりとか、学力や進路を保障することはできないというところに、われわれ教職員全体が立っているわけです。その子をひとりの人間として認める、受け入れるところからスタートしようっていうことが共通認識としてありますね。(入江聡子「自尊感情を育成する学級活動」、大阪大学教育文化学研究室『教育文化学年報』第2号、二〇〇六年、二八三頁)

もっともひろかずさんも、現在の豊川中のあり方が「厳しさに欠けるところがなくはない」、「課題の水準を十分に高く設定していない」とは感じているようである。今どきの中学生たちにどう向き合っていくか、豊川中の先生方の試行錯誤は続く。

†授業づくり

ここ数年、豊川中では授業づくりに力を入れている。その中心が、東京大学の佐藤学さんを招いての授業研である。ご存知のように、佐藤さんの「学びの共同体」論は一九九〇年代後半から注目を集め、今日でも数多くの小中学校がその考え方を取り入れた授業改革を試みている。豊川中が佐藤さんを講師として招くようになって早くも七年目になるが、最初はなかなか事がうまく運ばなかったようである（以下の文章は、私の個人的見解であることをあらかじめお断りしておく）。

佐藤さんの考えの中心的な柱のひとつが、「四人以下の学習班での協同学習」である。子どもたちの対話を重視する協同学習を推進するためには、三～四人でグループを編成する必要がある。五人以上になると必ずそこにリーダーとフォロアーの関係ができ、対等な関係のもとでの自由なやりとりが阻害されがちになるからである。

そうした発想に対して、従来の豊川中が同和教育の伝統のもとで推進してきたのが、「五～六人からなる生活班」の考え方であった。各班にリーダー的な子どもを配し、課題をもつ班員やその他のメンバーとの有機的なかかわりを学校生活全体のなかでつくり出すことで、集団の質を高めていこうとするその考え方は、佐藤さんの学習班の発想とは少なくとも原理的には「水と油」の関係にある。

初期に齟齬やあつれきが生じたのは、それらの関係がしっくりといかなかったからである。ある時期には、従来の生活班と四人の学習班との並存が試みられたようである。しかしながら、その二重構造もあまりうまくいかなかった。結果的に、従来の生活班を、四人編成を原則とするものに改め、学習班と一元化する形に落ち着いた。ある意味、きわめて大阪的な、すなわち「理屈より実をとる」決着のつけ方であると言うことができよう。

厳密に言うなら、学習班に生活班の原理を持ち込むことは、佐藤さんの「教え」にそむくことになる。しかし豊川中の先生方が選んだのは、忠実に「教え」に従うという方向性ではなく、子どもたちの実態や学校の歴史的文脈に即して佐藤理論を積極的に読み替えるという道であった。

二〇〇七年六月に、佐藤さんを学校に招いての合同授業研がもたれた。この授業研は、一中二小の先生方が一堂に会する大規模な授業研究会である。通常の教室では参観者が入りきらないために、体育館で公開授業が行われた。授業者は、豊川中に新任として赴任してきて二年目となる、理科の北畑先生。トランペット奏者でもある、二〇代の物静かな青年である。

一年生を相手にした授業のテーマは、「植物のしくみとつくり」。その導入としていろいろな植物の観察を行い、植物の基本的なつくりの特徴を見出し、植物の分類をいかに行うかにまで関心をもっていくことが、本時のねらいとして設定された。

先生自身が休日に採取してきた八種類の植物を題材に、各班での観察や意見交換をふんだんに取り入れたその授業は、生徒一人ひとりの豊かな学びを促進しているという点において、私がこれまで豊川中でみた授業のなかでも間違いなくベストの部類に属するすばらしいものであった。一〇〇人を超す参観者の誰もが、そう思ったことであろう。全体会での佐藤さんのコメントも、「豊川中の授業改革はこれで第一のハードルを越えた」という趣旨の、今までになく好意的なものであった。先生方の士気が大いに上がったことは、言うまでもない。

†秋の日に

この原稿を書いているのは、一〇月八日の体育の日である。これに先立つこと数日前の、一〇月の三日と五日に二〇〇七年度の「豊中祭《とよちゆうさい》」が開催された。三日は「文化の部」、五日が「体育の部」。要するに、豊川中では、文化祭と体育祭が同時期に重ねて行われるのである。

三日の「文化の部」では、ステージ発表と展示発表が行われた。私はそのうち、三年生と吹奏楽部のステージ発表を見せてもらった。三年生は、二つのクラスがそれぞれオリジナルの脚本による演劇を披露した。一組は、「落ちこぼれ」視されているある私立高校の生徒たちが、大人たちの学歴や成績をめぐる偏見を打ち崩していくことをテーマとした「One for All, All for One」。二組は、クラスのメンバーが本音をぶつけあうことで勉強の意味や仲間とのつながりの大切さを見出していく「三年二組三七人絆」。いずれも、シリアスな内容をもつものだが、生徒たちは体当たりで熱演していた。また吹奏楽部は、一・二年生のみの九名という小さな所帯だが、「キューティーハニー」といったアニメ曲や「テキーラ!」といった伝統曲をとりまぜて、堂々と演奏してくれた。

五日の「体育の部」。豊川中は、一年生のみ三クラス、二・三年は二クラスしかないため、他の中学校と比べるとこじんまりとした印象の体育大会であるが、生徒たちは熱く盛り上がっていた。豊川中らしいのは、三年生たち、とりわけ女子の多くが、思い思いのフェイス・ペインティングを施していたことである。おそらく地方の中学校では(都会の中学校でも?)、中学生が体育大会で顔に色を塗って登場するのは珍しいのでないか。

それはともかく、来賓席で見せてもらっていた私も、PTAと三年生との「綱引き」に参加した。去年は、PTAチームが二勝〇敗で圧勝したらしい。今年も一回目は、PTA

写真８－１　豊川中名物「４人５脚」

が短時間で勝った。そのときである。三年生の何名かが生徒席に走り、下級生の援軍を頼みにいった。二回戦、綱を引く生徒側の列は明らかに長くなっている。熱戦の末、今度は三年生チームが勝利した。一勝一敗。雌雄を決する三回戦、両方の列はさらに長くなり、もはやＰＴＡ対三年生というより、大人対子どもという観を呈している。最後は、中学生たちが人生の先輩の「顔を立てる」形で、ＰＴＡが勝利した。勝負が終われば、保護者たちも中学生たちも笑顔でいっぱいである。

「三年生が一・二年生を呼びに行ったのは、これまでなかったんとちがうかな。すばらしい『生きる力』ですね。リレーでも、勝ち負けにはこだわらん。誰かが転んでも、よーがんばったなと、笑顔でハイタッチする。ほんまにええ子らやと思います。」畑校長とひろかずさんは、このように振り返った。

たまたまであるが、その五日の夜に「Tタイム」の学習会がもたれ、私は大学院生の川口俊明君とともにその会に参加した。Tタイムとは、同和地区のお母さん方の自主的学習組織の名称である。数年前に新たに立ち上がったTタイムの主要な活動は、毎週火曜の夕方に豊川青少年センターで小学生を対象とした勉強会をもつことであり、時々夜に保護者自身のための学習会がもたれることがある。

その夜は、二〇〇六年度に実施された大阪府の学力実態調査の結果から家庭教育にかかわる部分について川口君が話題提供し、その後に話し合いがもたれた。参加者は、一〇人強の地域のお母さん方と私たちのほかに、青少年センターの職員や豊川小学校の先生方など。お母さん方に連れて来られた何人かの子どもたちは、宿題をしたりして時間を費やしている。七時半にスタートしたその学習会が終わったのは、九時半過ぎのことであった。

議論の大半は、すでに大きくなった子どもたちをもつ、五〇代の何人かの「旧世代」のお母さんが、現在小学生や中学生の子どもを育てている、二〇代後半から三〇代にかけての「新世代」のお母さん方にメッセージを発する形で進んだ。部落解放運動の高揚期に子育ての期間を送った「旧世代」のお母さん方には、「仲間とのつながりの中で子育ての困難を乗り越えてきた」という共通体験がある。それを何とか若い世代のお母さん方に伝えたいという思い。個々の家庭がバラバラに子育てを行う状況がこれ以上進行していけば、「カタい」家庭はよいが、「しんどい」家の子どもは本当にしんどい状態へと陥ってしまうという危機感。

豊川中の同担として、ひろかずさんは「学校と地域（＝同和地区）との断絶が、若い教師たちへの大事なものの伝承を妨げている」事態を語ってくれたことがあるが、同様に、「地域の内部での断絶が若いお母さん方への大切なものの継承を阻んでいる」現実を、ここでは指摘することができよう。「教育コミュニティ」の再構築が要請されるのは、何も学校の都合からだけではない。

†教師たちの声から

最後に、豊川中の、他の先生方の声も紹介しておきたい。この文章を作成するに当たって、豊川中の教職員の皆さんに、「豊川中の『よさ』をアピールする短い文章を書いてください」とお願いしてみた。集まった声から、いくつか抜粋してみよう。

「はじめて豊川中に来たときは不思議な印象を感じた。抽象的な言葉で申し訳ないが、なんだかふわふわした暖かさが漂っていた。これは正門に美しく植えられた草花の影響なのか、建物全体から受ける印象なのか、単に季節が春だったのか理由はわからない。不思議なことに、この豊川中の印象は現在も変わっていない。」

「この豊川中で四校目になります。ここほど教職員の仲がよいところは他にありません。なぜなら、ここでは教師といえども助け合わなければ通用しないからです。『仲間が大切』と生徒に言っていますが、ぼくらも心の底からそう思って語っています。」

「豊川中の生徒は何よりかわいい生徒ばかりです。先生もチームワークがよく、いつも勉強させてもらってます。」（介助員）

「豊川中学校の教育という軸が共通理解の上でぶれない強みがある。たえずその軸に対して、現状がどうなのか、それに対してどうしていくのかを考え、行動する力が、教職員集団の中にある。」（事務職員）

「何といっても、部落問題について本音で語れる仲間がたくさんいる職場である。」

「教師が皆一生懸命で、サボらないところ。他の学校ではあり得ない(?)ところです。」

「何といっても、先生の仲のよさかなって思います。同じ方向を向いてがんばることで、つながっているように思います。それにみんな、何ごともいやがらず、前向きにがんばること。家庭訪問に行くことも当たり前だし、子どものことについても何とか伸ばしてやろうという気持ちをみんなもっています。若い先生のがんばりが四〇代の先生を走らせた。わたしも走った一人ですが……。」

「豊川中の生徒達は、人の気持ちに素直で、イイかっこをしたり自分を隠したりできず、ときにはわがままで一人よがりで、我慢が足りないけれど、気持ちが通じあったときには、教師としてこの上ない喜びを与えてくれます。」

これらの声に共通しているのは、「使命感に裏打ちされた教師集団のまとまり」と指摘することができよう。「同和地区の子どもをはじめとする、しんどい状況に置かれた子どもたちの学力と進路を保障するためには、学校全体が一丸となった取り組みが必要であり、そのためには、教育コミュニティの考え方にのっとった校種間連携と地域連携を積極的に進めていくことが不可欠である。」

今日の豊川中の基本スタンスは、右のように要約することが可能である。

学期末や学年末にもたれる「ご苦労さん会」には、私の研究室からも大勢で押しかけさせてもらっている。また、サッカー好きの私が主宰する研究室サッカー部と豊川中サッカー部との交流試合も、これまで二度実施させてもらった。ちなみに、今年の六月に行った試合は五対五の引き分け。先発フル出場を果たした私も一ゴールを決めることができた。

畑先生と数学のベテラン東秀樹先生という釣好きのお二人には、私の自宅に程近い西宮ケーソンでの太刀魚釣りにも誘ってもらったことがある。昨シーズンはあえなく「ぼうず」に終わってしまったが、今年は何とか釣果を得たいと、お声がかかることを心待ちにしている今日このごろである。

第9章

子どもが育つ——野市《のいち》中学校（高知県）

†伸びやかな歌声

私が高知県の野市中学校（以下、「野市中」）をはじめて訪れたのは、四年ほど前のことである。当時の校長の安岡多実男先生から校内研に誘っていただいたのが、きっかけだった。

学校に到着したのち、校長先生に案内されて、午後の授業が行われている各教室を回っていたときのことである。音楽室に入ったとき、三年生のあるクラスの授業が、まさに終わろうとしていた。間もなくチャイムが鳴る時間である。私たちは立ち去ろうとしたが、ある男子が、「せっかくお客さんが来られたんだから、もう一度合唱しよう」と言い出した。賛同するクラスメートたち。そして、クラスのみんなによる混声合唱が始まった。

何の歌だったのか、覚えてはいない。しかし、その歌声は、私がこれまで聞いたなかで、間違いなく中学生としては最高のものであった。私は、体が震えるような感動を覚えた。「この歌声は、一体何や。中三の男子が、こんなに朗らかに、伸びやかな声で歌うことができるんか。」しかも、授業時間はとっくに終わっているのである。私は、ただちに野市中のファンになった。

†土佐の教育改革

高知県は、この一〇年間というもの、橋本大二郎知事（当時）の肝いりで「土佐の教育改革」に邁進してきた。その中心的なテーマが、県内の子どもたちの学力向上である。

読者の皆さんは、高知県の中学生の、私立学校への在籍率が、東京都に次いで全国で二番目に高いという事実をご存知であろうか。私も最初に聞いたときには、たいへん意外に感じた。高知は、「都会」のイメージではない。なぜそんなに私立中学生が多いのだろう、と多くの人が疑問に感じるのではないだろうか。

現地で聞いたところによると、その主要な原因は、数十年前に大きな社会問題になった「公立中学校の荒れ」であったという。「荒れ」をきらった保護者が、子どもたちを大挙して私立学校にやるようになったのだという。今日でも、私立中学への進学率は、二割ほどの水準をキープしている。

そうした状況のなかで、県内の公立小・中・高校生、とりわけ中学生の学力の底上げを図るということが県民の悲願とみなされるようになり、今から一〇年ほど前に「土佐の教育改革」がスタートしたわけである。

私も最近、アドバイザー的な位置づけで、高知の学力調査の結果を分析する機会を得ることができた。その結果見えてきたのは、次のような事実であった。すなわち、小学生の全国標準学力テスト（CRT）の結果は、若干ではあるが近年上昇傾向にあり、また県立高校から国立大学への進学者数も増加傾向にある。それに対して、中学生のテスト結果だけが依然として改善されないままである。

今回の全国学力テストの結果に関しても、中学校の数値は、沖縄県に次いで、ふるわないものであった。「土佐の教育改革」の成果は、残念ながら今回の調査では観測されなかったのである。高知においても、私の地元の大阪と同様に、中学校の先生方は手をかえ、品をかえして、子どもたちの学力を底上げしようと懸命にがんばっておられる。それがなかなか実らない。決してさぼっているわけではない。しかし、すぐには数値に表れないのである。

ところで、高知で何度か感じたことなのであるが、高知の人たちには、自由闊達に議論するという気風が強いようである。例えば、一年ほど前に「教育改革一〇年を未来につなげる会」という、高知県教委主催の会議に参加したのだが、そこには三〇人ほどの委員が出席していた。委員のなかには、有識者や保護者代表の他にも、企業人やメディアの代表など多様な人びとがふくまれており、それぞれが「持論をぶつ」というスタイルで、会議は三時間以上にわたって続いた。

それがうまくまとまるのかと言うと、ひょっとしたら簡単にはまとまらないのかもしれない。しかし私は、まさに「自由闊達」という言葉がぴったりの、その会議の雰囲気を好ましいものに感じた。この「自由な空気」が維持されるなら、多少の点数学力の低さなど、見方によれば取るに足りないものと考えることができるかもしれない。

†野市中の学校風土

話を、野市中に戻そう。

野市中は、高知龍馬空港から北東数キロメートルのところに位置している。かつては野市町立の学校であったが、市町村合併により今日では香南市立となっている。高知平野の東に位置する香南市《こうなん》は、高知市のベッドタウンとして発展しつつあり、旧住民と新住民の混住がすすんでいる。

野市中の学級数は、一年四学級、二・三年が五学級、特別支援学級が二学級の計一六学級。大阪あたりでは中規模校というところだが、高知では県内有数の「大規模校」ということである。また、生徒数は微増の傾向にあるが、これも県内ではほとんど唯一と言ってよい生徒数増加校だそうだ。

写真9―1が、野市中の校舎である。土佐湾をみおろす高台に、野市中は建てられてい

る。あとでふれる「開かれた学校づくり推進委員会」の委員をつとめる地域住民の竹倉美智さんは、野市中を次のように評してくれた。「野市はすばらしい学校です。まず、場所がいい。南向きに並んだ、日当たりのよい生徒たちの教室。朝読書の時間には、小鳥のさえずりと風の音が聞こえてくるんですよ。」

野市中の生徒たちが自校を紹介するときに必ず挙げるのが、「皆があいさつをする学校だ」ということであるという。その通りである。野市の学校文化の第一の特長が「あいさつ」である。生徒たちは例外なく、気持ちのよいあいさつを、訪問者にでも投げかけてきてくれる。

こういうことがあった。野市中の生徒たちは、長年続く「あいさつ運動」の成果であろう、学校内だけでなく、学校外でも町の人々にあいさつをする習慣を有している。ある朝私は、野市中へと向かう道を歩いていた。校舎は田んぼを見下ろすように立っているのだが、その田んぼの周りの道を、体育の授業で男子生徒たちがランニングしていた。かなりバテているにもかかわらず、ほとんどの生徒が、歩いている私に元気よく「おはようございます！」「こんにちは！」とあいさつをしながら、走り抜けていったのである。「ここまでやるか」と思う気持ちがないでもなかったが、私にとってそれは新鮮な出来事であった。

野市の学校文化の第二の特長は、「さかんな部活動」であろう。バレー部、剣道部、相

写真9―1　校舎を背景にランニングする生徒たち

撲部、サッカー部、ソフトテニス部、体操部など県大会の常連となっているクラブが多数あり、ときには全国大会出場を果たすクラブもある。もちろん練習時間も長く、夏場や大会前は七時、八時まで練習が続くこともあるという。あいさつが飛び交い、きびきびとした雰囲気が漂う野市中の校内を形づくる上で、部活動のもつ意味はきわめて大きいと言える。

イギリス人の若いＡＬＴ（assistant English teacher）の先生と話していたとき、彼女は野市中を一言で言い表すなら、organized（「組織立っている」）という言葉がふさわしいとした上で、the children always do what they are told to do（「ここの生徒たちは、そうしなさいと言われたことをいつもきっちりとやれる」）と語ってくれた。そうした話を仲間の外国人に話すと、

「恵まれている」とよく言われるとのことだった。私も彼女にこう言った。「そうです。あなたはとてもラッキーだと思う。」

†学校文化をつくる

現在の野市中は、本当に落ち着いた、よい学校である。しかしながら、今から一〇年ほど前には、「荒れた」時期もあったそうである。当時子どもさんが野市中に通っていた竹倉さんは、次のような話を私に聞かせてくれた。

そのころの学校の雰囲気は、決してよいものだったとは言えない。ほんの数名だが問題行動を起こす生徒たちがおり、それを取り巻く生徒たちが大勢いた。危機感を感じた保護者たちが、三日間連続で夜に学級懇談会をもったことがあった。三年生はやや少なめだったが、一、二年生の参加は九割以上。話が一〇時ごろに及んだクラスもあった。そこで出てきたのが痛烈な学校批判だったが、同時に、家庭の側・親の側でも何かやらなければならないという意見が出てきた。結果として、「一緒にあいさつをしましょう!」という、当時の教頭先生の発案でスタートしたのが「あいさつ運動」である。先生方と一緒にPTAのメンバーが、毎朝校門に立ち、登校してくる子どもたちにあいさつするのである。一日に一〇名ぐらいの当番制で、竹倉さんらのPTA役員は毎朝立ったという。時を同じくして、「朝読書」の時間もスタートした。それらは、今日まで続いている。

保護者が立ち上がり、それに学校側が呼応することで、学校の雰囲気はみるみるよくなっていったという。そのころに、校長として赴任してきたのが、冒頭に紹介した安岡校長先生である。今日の野市中の礎を築いたのは、五年間にわたって校長をつとめた安岡先生であると言っても過言ではない。

安岡先生は、一貫して人権・同和教育畑を歩いてこられた方である。前任校の鏡野中（旧土佐山田町、現香美市）には、担任から同担、そして教頭、校長と、通算二一年（！）の長きにわたって勤務されたそうだが、一九八〇年代には、次章で紹介する大阪府松原市の松原三中と交流をもった時期があったという。高知の「全員発言」方式は、当時の松原の教師たちにも大きな刺激を与えたようだ。

さて、ご自身が旧野市町出身である安岡先生は、校長として赴任した際、三つの目標を掲げた。第一に「基礎学力の向上」、第二に「打ち込むものがある学校に！」、第三に「命の大切さを学ぶ」である。

安岡先生は、最愛の娘さんを亡くすというつらい経験をお持ちである。野市中で「命の大切さ」を取り組みの中心に据えたのは、そのご自身の痛切な体験にもとづくものである。今日の野市中では、一年生で「赤ちゃんふれあい Day」という取り組みを行っている。

生まれたばかりの赤ちゃんとお母さんを学校に招き、一年生の子どもたちが交流するのである。今年の場合は、一三組の母子が合計で五回も野市中を訪問し、同じメンバーの子どもたちと交流することになっている（写真9—2）。

さらに先生は、「命を守ることはもちろんだが、命を輝かしてこそ大切にしていることになる」と考えている。新入生を迎える際には必ず、「人の輝きを奪っても、決して自分は輝かない」という言葉を贈ってきたという。野市中に赴任し、髪の毛を染めて校内をうろついている生徒たちを見て、「輝いているとは思えんかった」という先生は、「すべての子どもにとって打ち込むものがある学校に」というスローガンを打ち立てたのであった。

先生方に対しては、「校長としては何も指示せず、先生たちから出てきた意見を大事にした」という。そして生徒たちに対しては、「必ずそちらを向いてあいさつを返すこと、部活の試合の応援に行くことを心がけた」とおっしゃる。強豪クラブが多い野市中では、県外の試合・コンクールに出かけることが多い。そうした機会のほとんどに、安岡先生は自費で応援に行かれたという。

すでに定年退職された安岡先生は、野市中時代をふりかえって、それぞれに七五点、九〇点、八〇点という自己採点をなさった。現在先生は、高知県人権啓発センターの専門研修員をつとめ、学校のみならず、病院や企業で働く人たちに、ご自身の経験にもとづく人

写真9―2　赤ちゃんふれあいDayのひとこま

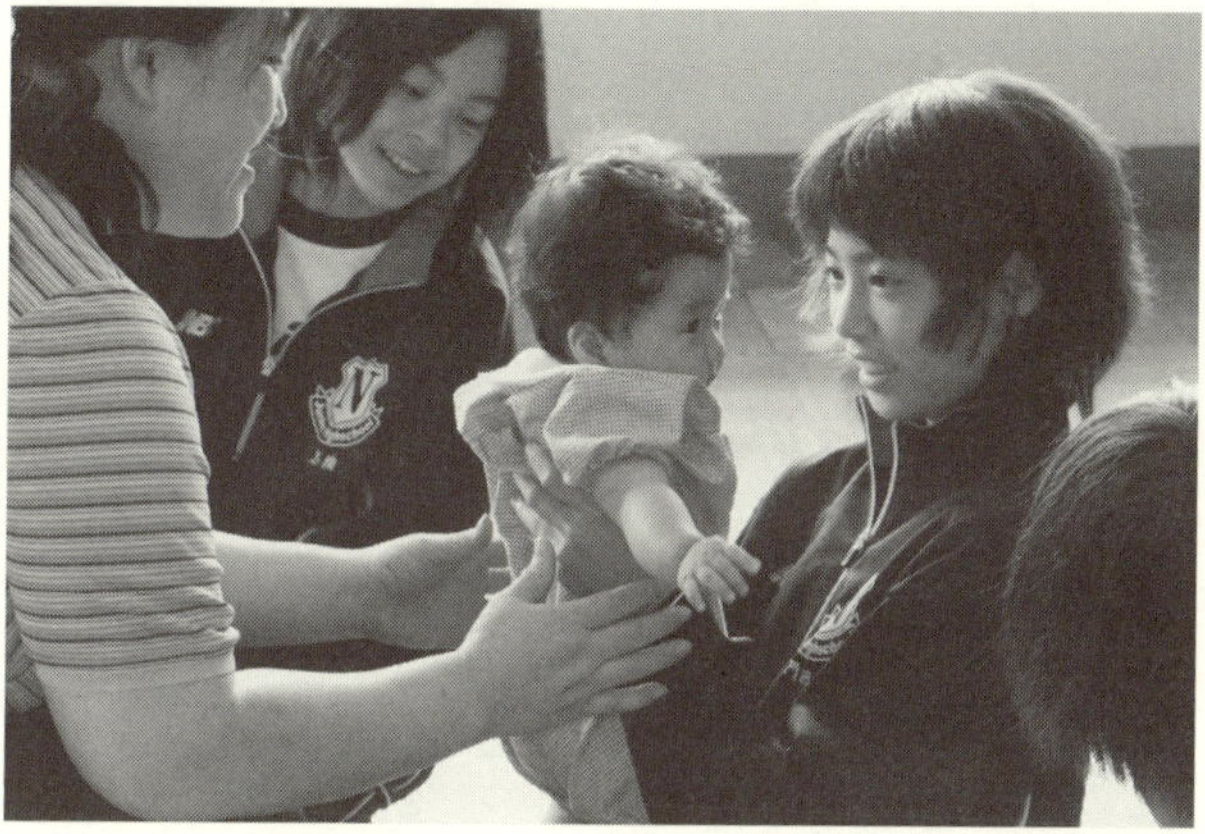

権教育の精神を講じておられる。

†文化発表会

一一月三日の文化の日、私は半年ぶりぐらいに野市中を訪問した。文化発表会に参加させてもらうためである。冒頭に記した合唱のエピソードから、私はぜひ一度、野市中の合唱コンクールを見てみたいと思っていた。それがようやく、このたび叶ったのである。

午前中は、弁論大会である。会場は、高い天井をもつ、広々とした体育館。壇上には、以前野市中に勤務しておられた美術の先生が描いたという、滝と紅葉をあしらった立派な絵がかけられている。南側の窓からは、秋の陽光が差し込んでくる。私語ひとつなく、仲間の発表に聞き入る生徒たち。そこで、合計一四人の、各学級の代表によるスピーチが行われた。

テーマは、「クラスの仲間関係」や「いじめ」といった身近な問題から、「戦争」や「世界の環境問題」といったグローバルなイシューを扱ったものまで、多岐にわたっている。一人ひとりの弁論の内容もそれぞれにしっかりしたものだったが、特に印象深かったのは、三年生の発表のすばらしさだった。内容の充実ぶりはもとより、三年生の代表たちは原稿をほとんど見ずに、堂々と自己の主張を満場の聴衆に披露したのであった。

お昼すぎからは、お目当ての合唱コンクール。一四のクラスが、課題曲と自由曲の二曲ずつを歌う。まずは、一・二年生が、そして休憩をはさんで三年生が舞台に上がる。一・二年生の合唱もかなりの水準だったが、やはりクラスによるバラつきが見られる。しかしながら、後半の三年生の合唱は、登場するクラスごとに個性があり、それぞれが「聞かせる」歌声、ハーモニーを披露してくれた。午後の合唱コンクールには、多くの保護者の方がつめかけて来られる。地域でも、この合唱コンクールの評判は名高いようだ。

私は体育館後方の席に座っていたが、三年生のあるクラスに、とりわけ目を引く歌いっぷりの男子生徒がいた。上半身をリズミカルに軽く揺らしながら、お腹の底の方から声を出している。遠くて顔はよく見えないのだが、彼の動作から、彼が心から合唱を楽しんでいる様子が生き生きと伝わってくる。「すばらしいな」と私は感じた。あとでわかったことだが、彼は今期の生徒会長さんだということ。なるほどと、合点がいった次第である。

プログラムの最後は、三年生全体が舞台に上がっての学年合唱、そして、吹奏楽部の伴奏のもとに保護者も一緒になって「千の風になって」の会場合唱。感動的なフィナーレであった。日帰りで高知まで飛んだ甲斐があったと、私は一人ごちた。

音楽を担当するのは、二年学年主任の弘田靖明先生。七〇人という大所帯の吹奏楽部の顧問でもあり、これまで数人のプロの演奏家を育てたという音楽家である。冒頭にふれた三年の合唱の授業も、先生が担当されていた授業であった。先生は、「一年生の時から子どもたちに歌うよろこびを体験させること、そうすれば、三年生になったら先輩たちのようなすばらしい合唱をしたいと思うようになる」とおっしゃる。

たしかに、合唱や弁論だけでなく、部活動やその他の学校生活の諸側面においても、野市中の三年生はとてもしっかりしている。明らかに彼らは、下級生たちのロールモデルを提供しており、生徒集団のなかに「あこがれ、あこがれられる」関係が成立している。そしてその背後には、子どもたちの成長する環境を用意する先生方の組織的な動きがある。

今年野市中に校長として赴任して来られた谷村正昭先生は、合唱コンクールの講評で、「たいへんいい気持ちになりました。すばらしくて、点のつけようがないくらいです」と感想を述べられた。先日行われた体育大会についても、次のような感想をもたれたようである。「先生たちが、すごくうまくやっているなと思います。よい意味で、子どもたちが『やりきった』という感覚をもっている。先生方の指導のたまものでしょう。閉会式の際には、子どもたちが泣いていましたね。勝ち負けに関係なく、完全燃焼できた満足感のあらわれでしょう。」

合唱コンクールの終了後、体育館から出て行く順番をまっている生徒たちのなかには、疲れ果てて突っ伏している子の姿も見受けられた。合唱の朝練を続けてきたからだろう。彼らにとっては、心地よい脱力状態だったに違いない。

†今日的課題

現在の管理職は、谷村校長先生と、教頭として三年目になる亀川孝志先生である。亀川教頭先生は私と同い年、大学は関西だったということもあり、この間ずいぶん親しくさせていただいている。現在の野市中を切り盛りする中心的人物がこの亀川先生であるが、氏は、若かりしころに鏡野中で、安岡先生の薫陶を受けたメンバーの一人である。

順風満帆に思える現在の野市中であるが、いくつか課題はあると教頭先生は指摘する。第一は、学力の問題である。安岡先生の着任以来、班学習を中心とした学習集団づくりと基礎学力の保障に邁進してきた野市中の授業規律の水準は、すこぶる高い。朝読書の時間には、全教室が水を打ったように静まり返っている。授業中の私語もほとんどと言っていいほどなく、大阪の学校になじんでいる私には大きな驚きである。その一方で、三年生の教室でも、生徒たちは積極的に挙手して、発言している。ひとことで言って、子どもたちは授業場面においてもきわめて前向きなのである。

そうであるにもかかわらず、毎年高知県で行われてきた標準テスト（CRT）の結果は、「きわめて良好」と呼べるものではない。特に、野市中の子どもたちは、数学に相対的な弱さをかかえているようである。幸いなことに、今回発表された文科省の全国学力テストの結果は、良好なものであったようだ。とりわけ数学において、着実な進歩が見られたようである。ここ数年の授業改革の成果が、ようやく実を結びつつあるというところであろう。

第二に、不登校の問題をあげることができる。昨年度の野市中には、二〇～三〇人の不登校傾向の生徒が在籍していたという。これは、学校の規模を考えても、決して小さくはない数字である。ある教員は、部活動や行事がさかんなのはよいけれど、そうした場所で活躍できないタイプの子どもたちにとっては、ややつらいところがあるだろうと指摘してくれた。

これについては、不登校児のための教室を設置するなどの対応策がとられ、ようやく体制づくりができてきたところだという。今年に関しては、完全な引きこもり傾向の子どもはいなくなり、全体としても事態は改善されてきているようだ。

中学校に課題がないということはありえない（もちろん、小学校でもそうだろう）。文化発表会の終了後に、校内の和室で、今年度三回目の「開かれた学校づくり推進委員会」が開かれ、私もオブザーバーとして参加させてもらった。参加者は、小学校のPTAの代表、民生児童委員、中学校のPTA役員、学年代表の教員、管理職、生徒会執行部の面々など。ここでも、校則のあり方などをめぐって、自由闊達な議論がなされた。

会議後、民生児童委員をつとめる竹倉さんと亀川先生が、来年中学校に入学してくる、小六の子どもたちについての情報交換を行っておられた。中学校は、地域に在住するさまざまな境遇をもつ子どもたちが集まってくる場所である。地域・保護者・学校のネットワークのなかでこそ、彼らは元気になり、すくすくと育つことができる。

私は野市に出かけるたびに、そうした不易の姿を再確認させてもらっている。

第10章

伝統と革新

――松原第三中学校（大阪府）

†伝統校としての松原三中

二〇〇七年一〇月のある日、抜けるような青空のもと、松原第三中学校（以下「三中」）の創立六〇周年記念行事が開催された。三中は、大阪府松原市にある七つの公立中学校のうちのひとつで、同和教育・人権教育を学校づくりの柱にしてきた歴史ある中学校である。

関西で同和教育あるいは人権教育に携わってきた人のなかで、三中の名前を知らない者はおそらくいないだろうと思われるぐらいに、その名はとどろいてきた。同和対策法の期限切れ以降のむずかしい状況のもとで、多くの同和教育推進校の実践の勢いが落ちていくなか、高い実践力を維持している三中、および校区を共有する布忍小学校（以下「布小」）は、関係者の熱い視線を浴び続けていると言ってよい。

二〇〇三年度に大阪に戻ってきて以降、私は三中と布小に足繁く訪問させてもらった。両校の学校文化のあり方や実践の特徴については、拙著『学力を育てる』（岩波新書、二〇〇五年）に整理してあるので、そちらをごらんいただきたい。ひとことで言うなら、両校は、私が一学徒として、これまでで最も多くのことを学ばせてもらった学校である。

在校生・保護者・教職員・来賓等が集った六〇周年記念式典の場で、まず校歌が斉唱された。

熱と光を　受けついで
朝よ明けよと　ひたむきに
差別を許さぬ　この街で
ともに歩もう
心やさしき　なかまたち
未来を　未来を　この手に
松原第三中学校（三番の歌詞）

やや緊張の面持ちで壇上に上がった田中克明校長は、今年度、市内の他中から移ってこられた新校長である。田中先生は、「人権を大切にし、地域とともに歩んできた歴史ある中学校に通っている皆さんが、これから新しい学校の歴史をつくっていくのです」と、生徒たちにおだやかな口調で語りかけた。

続いて登壇したのが、式典の実行委員長で、現在のＰＴＡ会長をつとめる石川浩蔵さんである。石川さんは、一九七八年に三中に入学した。重度の障害をもつ仲間たちと一緒に地元の高校に進学したいと考えた石川さんらは、「ともに松高（松原高校）へ！」という運動を展開し、障害をもつ仲間は「準高生」という呼び名・地位で高校に受け入れられるようになったという「史実」は、地元ではよく知られたところである。

石川さんは、生徒たちに次のように熱く語りかけた。

自分を大切に、そして仲間を大切に。歴史は流れても、それは変わりません。人を思いやるあたたかさ、それを三中は大事にしてきました。しんどい子を中心にした、ぬくもりのある学校、それが三中です。皆さん、誇りをもって生活してください。そして、これからも「地域の三中」として成長し続けたいと思います。

その後式典は、スライドで歴史をたどり、「新しい三中をつくっていきます」という宣言で終わる生徒会のプレゼンテーション、そして吹奏楽部の演奏と続いた。

その夕方、場所を近くのホテルにかえて、にぎやかな祝賀会が開かれた。集まった関係者は一〇〇人あまり。三中の歴史を語る上で欠かしてはならないお一人、北山貞夫先生は、一九七〇年代から八〇年代にかけての二〇年ほどにわたって、教頭・校長として三中を切り盛りしてこられた方である。

祝賀会のスピーチでも、北山先生は、現役の先生方に向かって檄を飛ばされた。齢七七歳、かくしゃくたるものである。「しんどい子をふつうのところに持っていくのが、公立中学の役割です！」亡くなった元同僚の名前をあげ、涙される場面もあった。歴史の重みを感じさせるスピーチ。列席した人はみな、同じような感慨を抱いたことであろう。

†三中の現在

さて、今日の三中の同担をつとめるのが、松岡日出雄先生である。四〇代前半の松岡先生は、私が現在勤務する大阪大学人間科学部の出身で、指導教官は私の恩師でもある故池田寛先生という、縁浅からぬ人である。他市の同推校に勤務したのちに、三中に移って来られた。変革期の三中を身をもって体験されてきた方である。

松岡先生は、三中の現状を「全体として落ち着いている」と評価している。授業時間帯に各教室をみてまわると、そのことがよくわかる。私が三中に通い始めた四年前と比べても、生徒たちの学習態度はよりよいものとなっている。とは言っても、そこは三中。教師と生徒との関係は基本的に近いので、水を打ったような雰囲気のなかで授業が行われるというよりは、ざっくばらんな、打ち解けた雰囲気のなかで授業が進むことが多い。おしゃべりもあり、脱線もありというのが、三中のスタイルである。

その「落ち着き」の背景には、丁寧な「学力保障」と「集団づくり」があるというのが、松岡先生の見立てである。私もそれに賛同する。

まず、学力保障に関しては、学年により「全体的なデキのよさ」には当然ばらつきはあるものの、二〇〇一年の東大関西調査から一貫している傾向は、「低得点層」の比率が他校より少ないということである。高得点をとる生徒の比率はあまり多くないが、それと同時に、テストで一〇点台とか二〇点台をとる子どもの率がかなり低いというのが、三中の学力分布の特徴である。

要するに、「課題のある生徒への下支え」が効いているのである。というか、そこに膨大な労力と時間がつぎこまれているのが、三中の学習指導の特長だと言ってよい。具体的には、「少人数分割指導」「補充学習」「自主学習ノート」などの手立てによって、下支えが図られている。

例えば、「補充」。各学年で火曜と木曜の放課後に補充学習が組まれる。今年度の場合は、どの学年も「指名補充」。単元テスト等で基準点をとれなかった生徒が各学年で二〇名ほどずつ、放課後に残って数学・英語等の学習をするのである。現在意識しているのは、生徒たちに「やらされている」という感覚をもたせないこと。「勉強やったらできる」といった気持ちを引き出せるような工夫がこらされる。

次に、集団づくりについては、班活動を中心とする伝統的な仲間づくりの手法の他にも、新一年生に対して「中学校の集団生活のあり方」について丁寧な指導を行うこと、また人間関係スキル・トレーニングによって友人関係におけるトラブルの対処法を学ばせることなどが、最近では重視されている。

また、これまで培われてきた人権総合学習や進路総合学習（ドリームワークス）のさらなる展開や、生徒会活動を中心とした自主的活動の深まりなども試みられており（後述）、三中生の人間的成長が多面的に図られている。

いつもながら感じることだが、三中の実践はきわめて総合的である。子どもたちにとってよいと思われることがすべて取り入れられ、試されているかの観がある。おまけに、「地域の学校」を自認し、「家庭とのつながり」を大切にする三中では、「地域連携」や「家庭訪問」に費やされるエネルギーの量が半端ではない。先生方が、息つく暇もないほど忙しいのは、無理もないことである。

†木を彫る

「落ち着いた雰囲気」を維持し、今回の全国学力テストでも悪くない結果が出てきた三中であるが、課題が皆無であるというわけでは決してない。この文章を書くにあたって、松岡先生をふくむ何人かの先生に改めて「取材」をさせてもらった。そこで浮かび上がってきたのが、「指導方針の変化」とも言うべき興味深いトピックであった。

三年の学年団の一人である長谷川裕明先生に登場していただこう。長い講師歴をもつ長谷川先生は、正式採用され、三中に新任でやってきて、すでに「ベテラン」の雰囲気を備えた野球部の顧問である。

今の三年生が入学してくる時点で、学年団の先生方は「壮大な実験」に着手したという。それを私なりに表現すれば、従来の三中の「手厚い指導」から、「生徒の自律性を重視した指導」への転換を図ろうとしたということになろうか。手塩にかけて卒業させた生徒たちが、次々に進路変更をしてしまうという「現実」への反省から生まれた方針転換であった。

何しろ三中の教師の指導は手厚い。手厚いがゆえに、生徒たち、とりわけ課題をもつ生徒たちが教師に頼ってしまい、真に自立する力が育ちにくい。日常的な仲間づくりの成果として、おしなべて三中生は他人にやさしいが、世間の冷たい風に当たったとたんに、ショックを受け、萎縮してしまう。

そこで取り入れられたのが、「壮大な実験」であった。長谷川先生は、次のように語ってくれた。

一年生のときには、全部先生が手本を示しました。学年当初のホームルーム合宿も含めて。今までは大体、いきなり実行委員とかをつくって、子どもら中心に動かすというのが、三中のパターンだったんですけど、それはやめて、とにかく一年のうちは教師主導で。そのやり方を、うちらの学年の業界用語では、「木を彫る」と言ってます。とにかく、学年集会でも何でも、先生が主導で、全部先生が見本を見せて。で、それを一年間やって、二年になって、徐々に生徒に渡していくと。「魂を入れていく」んですわ。で、三年で「拝める」ようにと（笑）。ま、「木を彫って、魂を入れて、拝む」と。こういう三年間のパターンを想定しながら、子どもたちを動かしていったり、子どもたちのなかからそういう動きが出てくるようにもっていくということで、考えながら。（中略）彼らが賢かったのか、うまく学校生活が軌道に乗りましたね、この学年は。今はほんまに、拝めるようになりました！

「拝む」のは教師であり、「拝まれる」のが三年生たちである。三年の時点で、教師が全幅の信頼をおけるような、生徒たちの「自立的・自律的な行動」を実現するために、一年の時点で「徹底した型はめ」を行ったということである。「なあなあ」を排し、「あかんことはあかん」と言える雰囲気を生徒の間につくること。生徒たちの「甘え」をなくし、「正しい価値観」にのっとった自分なりの動きができる子を育てること。それが徹底的に試みられた。

そのためのキーワードが「自己責任」である。高校受験を間近に控えた時期での次の言葉は強烈である。

今までの三中の先生とは、かなり違う。髪の毛染めてくる子も、中学生だからいてますけど、まずは自己責任。それで願書の写真撮るなり、その格好で入試受けるなり、好きにしてくれと言うてます。ただし、入試前に突然髪の毛を黒にしてきたりしたら、私はそれを学校から責任をもって高校に伝えるって言ってます。

進路を見据えた自覚を促すための指導である。

指導観のコペルニクス的転換と言ってよいかもしれない。今までの三中のやり方が、きわめて「集団主義的な」指導だとするなら、現在の三年生のやり方は、集団主義をベースとしつつも、個人の自律性を前面に押し出す個人主義的色彩の強い指導である。そうした

「実験」を許容する度量の広さが三中の学校文化のなかにあるのも、またスゴい。

†「人にやさしく、自分にきびしい中学生」

現在、「人にやさしく、自分にきびしい中学生」が、一年生の学年目標となっている。そこで次に、一年担当のリーダー的な位置にいる野崎龍介先生に登場してもらおう。野崎先生は丸刈りで、熱血漢的な風貌をたたえた、三〇代後半の英語の先生である。

昨年度、三年生の生徒指導をつとめた野崎先生は、次のように振り返る。

この三月に卒業した三年生のなかには、入学当初から障害児学級の子が三人いまして。みんな、彼らに対していつでも声をかけて、やさしい学年やなと、入学当初から言われてました。言うたら、人のため、友だちのためにがんばろうって点に関しては、これまで三中が取り組み、めざしてきた力をもっていましたし、みんなほめるときはそこを誇っていました。僕は、二年からその学年に入りましたわ。二、三年とみて、卒業させました。みんなあったかい子でした。人にやさしいってことでした。けど、自分にきびしくという点では、力をつけることができなかった。学力的にみても自分から進んで勉強とかもあまりしなかったし、遅刻、欠席、規律の意識も徹底させることができなかったかなと。

そうした反省をふまえ、野崎先生も、今年の三年生が一年生だったときに受けたタイプの指導と同じものを、現在の一年生に課している。すなわち、中学生として適切にふるまえ、高校に進学したのちにも自分自身でやっていける力をつけるための指導を徹底して行っているのである。スローガンとしては、「自分にきびしい中学生」。教師の足並みをそろえて、「生活習慣の部分」「集団のルール」「学力」の三点に力を入れて指導しているという。興味深いのは、家庭学習の徹底を優先させているために、これまでの三中の学級づくりの柱である「班づくり」を二学期以降にしているという点である。

班ノートとかね、今までやってきたことについては、まだ取り組んでません。最終的には、生い立ちや立場といった一人ひとりの違いを理解しあい、乗り越えていける仲間関係をめざしたい。そういう意味では、「班ノート」の果たす役割はとても重要だと思っています。しかしまだ、一人ひとりの違いを理解し合える発達段階に達していないというのが、「班ノート」にまだ取り組めていない理由のひとつです。今は、家庭学習の徹底を第一にし、課題を教師側から提示しています。教室にはここ二週間で何をやったらいいかが掲示されていて、家庭学習ノートに教科書の何ページを写してくるとか。自分自身で勉強する方法を学ぶための学習方法ですね。(中略) これまでは担任がチェックしてた。けど負担がかかりすぎるから、副担も含めて学年全体でチェックしている。空き時間とかに。その日のうちにできてない子たちについては、すべてリストアップするんですよ。必ず残して、英単語と漢字を二〇分と区切ってやらせてから帰らせる。毎日。そこに土日の課題もあります。プリント二枚。月曜の朝までに出せないものについては火曜日まで待つ。それでも無理だったら、火曜日の放課後に居残りさせる。火曜日と木曜日に補充があるんで、かなり労力を使ってるんです。ともかく今は、家庭学習が先決です。

三中は生徒たちの集団づくりに邁進してきた学校だった。野崎先生は、「やっぱり今と昔の中学生は違う。自分自身が安定していない子がたくさんいる」として、集団づくりとともにクリアしなければならないことがあると考えている。「家庭学習の徹底」が、そのためのひとつの重要な戦略である。

現在の三年のやり方については、野崎先生は次のように評してくれた。

今の三年生の先生方は、生徒の仲間関係のことを前面に出していません。また、教師と生徒との関係で一線を引いています。賛否両論あると思いますわ。子どものカラーは、これまでの三中生とだいぶ違いますね。だから僕は、それは若い教師にとって危険やと思う。そこの部分は力がホンマにいるので、若い教師には非常にきびしいと思う。

言いたいポイントは、次のようなことであろう。すなわち、今の三年生の学年団の顔ぶれは、酸いも甘いもかみわけてきたベテラン揃いであり、力量も高いため、あえて「突き放す」ようなアプローチもとれる。しかしその形だけを、経験不足の若い教師がまねるのは非常に危険だということである。「突き放し」には、その背後にある信頼感が不可欠であろうから。

そして、野崎先生自身は、これまで三中が大事にしてきたものと、今の三年の学年団がやろうとしている新しい試みを、車の両輪としてやっていきたいと考えておられる。端的に言えば、「やさしさ」と「きびしさ」の両立ということである。そのアプローチがどのような成果を生むか。現一年生の今後の成長ぶりが楽しみなところである。

†新しいうねり

ひと昔前までの、三中の学校文化を色濃く特徴づけていたのは、「反差別」や「人権尊重」をキーワードとするような各種の「取り組み」であった。それらの「取り組み」に多くの時間が割かれていたため、中学校の学校文化を彩る「クラブ活動」などが、かつての三中では十分に展開されないきらいがあったという。そうした状況の改革を図ってきたのが、今日の三中教職員集団の「ミドルリーダー」を構成している、松岡先生・長谷川先生・野崎先生らの世代である。

その成果として、例えば二年前には、女子ソフトボール部が全国制覇するという偉業を達成した。また近年では、体育大会といった行事の充実ぶりも著しい。そうしたなかで、この二年間、生徒会の活性化に力を尽くしているのが、新任二年目となる谷村和広先生である。三中の「ニューウェーブ」の代表格と言ってよい谷村先生は、数年の講師経験をもつ二〇代後半の体育教師である。

新任の年から生徒会を任されている谷村先生。専門委員会の統括や生徒議会の運営、あるいは朝のあいさつ運動やユニセフ募金といった日常的な活動の他に、五月の「ふれあい交流運動会」、八月の「なかまづくりキャンプ」、九月の「体育大会」、一一月の「ヒューマンタウンフェスティバル」、一月の「ジョイントレッスン」、二月の「小中交流会」、三月の「三年生を送る会」など次々と大きな活動を組織している。谷村先生は、「三年生を送る会」で上映するビデオのワンシーンを撮るために、かつて教えた卒業生に会おうと沖縄に自費で飛んだというエピソードをもつバイタリティあふれる教師である。

そして今年、三中生徒会執行部が、校区の布小および中央小学校の児童会とタイアップして、「信じ合えるなかまづくり共同宣言」を作成した。後に示したものが、それである。これは、「いじめをなくす」ことを目的として、子どもたち自身がつくり上げた、三か条からなる宣言文である。その過程のなかで、中学生がつくった原案を小学生たちの意見を取り入れてより易しい言葉にするという改善がなされたという。

例えば、原案では「一、かけがえのない自分の命」「二、かけがえのないなかまの命」となっていたが、「かけがえのない」という言葉はわかりにくいという小学生の意見を受けて、「一つしかない」「大切な」という文言を取り入れたという。同様に、原案は「三、自分の中にある正義を信じる気持ち」となっていたが、「正義」という言葉はむずかしいということで「正しい気持ち」という、より平易な語句に置き換えられた。

この宣言文は、一一月に開催された校区フェスタ「ヒューマンタウンフェスティバル」で、子どもたちから保護者や地域の人々に披露された。三中では、地域連携・校種間連携が熱心に取り組まれているが、この共同宣言文づくりはその三中校区の特長が十二分に生かされた取り組みだと位置づけることができよう。

この二年間を振り返って、谷村先生は次のように語ってくれた。

非常にレベルが高いと思いました。今まで経験した学校のなかでは、確実にナンバーワン。子どものことを思ってるし、熱心に子どものことを考えてるし。教科指導にしたって、教材づくりにしたって。でも一番思うのは、生徒に対する接し方ですね。足繁く家庭訪問に行ったり、じっくり話しこんだりという。いろいろな生徒指導の場面にできるだけ欠かさず立ち会うようにしてます。自分ならどうするかなという目で考えながら見ろ、と言われてますんで。そろそろベテランの先生方も出られる、世代交代の時期で。だから、いつまでも若手やとかっていう意識ではダメで、これからは主になっていかなあかんという意識で、一つひとつ仕事をやっていきたいと思ってます。

世代交代は、今日、どこの学校の問題でもある。三中の場合は、現在二〇代から五〇代までバランスのとれた構成になっているが、ここ数年で上の世代がごっそり抜けることになる。谷村先生らの若い世代の台頭が何よりものぞまれる。三中の伝統を引き継ぎ、時代に応じた革新を創り出していく「若手」の台頭が。

信《しん》じ合《あ》えるなかまづくり共同宣言《きょうどうせんげん》

わたしたちはいじめを絶対《ぜったい》に許《ゆる》さない。人《ひと》の心《こころ》を傷《きず》つけ、ボロボロにしてしまういじめは、この世《よ》の中《なか》に絶対《ぜったい》あってはならないことだから。いじめをすることも、させることも、そして知《し》らないふりをすることも、わたしたちは絶対《ぜったい》に許《ゆる》さない。学校《がっこう》は誰《だれ》にとっても楽《たの》しくて、安心《あんしん》できるところでなくてはならないから。

みんなの笑顔《えがお》が輝《かがや》くために、わたしたちは次《つぎ》の３つのものを大切《たいせつ》にしていこう。

一.　１つしかない自分《じぶん》の命

自分《じぶん》の命《いのち》を大切《たいせつ》にできないのなら、なかまの命《いのち》は大切《たいせつ》にできない。困《こま》ったときは、１人《ひとり》で悩《なや》まず周《まわ》りの人《ひと》に言《い》おう。いじめられたときには、思《おも》ったことをはっきり言《い》おう。自分《じぶん》の気持《きも》ちを伝《つた》えることは、自分《じぶん》を大切《たいせつ》にすることと同《おな》じだから。

二.　大切《たいせつ》ななかまの命《いのち》

わたしたちは１人《ひとり》で生《い》きることはできない。なかまと助け合《あ》いながら生《い》きている。そんななかまを大切《たいせつ》にしていかなければならない。人《ひと》を傷《きず》つけたり、悲《かな》しませたりしてはいけない。人《ひと》が失敗《しっぱい》したときは、それを笑《わら》ったりからかったりせず、元気《げんき》になるようにやさしく話《はな》しかけよう。そして、なかまの気持《きも》ちを聞《き》こう。なかまの気持《きも》ちを考《かんが》えよう。大切《たいせつ》ななかまだから。

三.　自分《じぶん》の中《なか》にある正《ただ》しい気持《きも》ちを信《しん》じる心《こころ》

自分《じぶん》の中《なか》にある正《ただ》しい気持《きも》ちを信《しん》じよう。いじめがあることを知《し》ったときや見《み》たとき、いじめにあったときには、先生《せんせい》や家族《かぞく》、友《とも》だちなどのなかまに話《はな》そう。苦《くる》しんでいるなかまを１人《ひとり》ぼっちにさせてはいけない。１人《ひとり》で言《い》えないときは、なかまと協力《きょうりょく》しよう。自分《じぶん》の中《なか》にある正《ただ》しい気持《きも》ちを信《しん》じて、思《おも》ったことははっきり言《い》おう。

みんながこの３つを大切《たいせつ》にできたなら、いじめはきっとなくなる。

みんながあたりまえに学校生活《がっこうせいかつ》を笑《え》顔で送《おく》れるように、わたしたちはいじめをなくすため、全力《ぜんりょく》でがんばることを、ここに宣言《せんげん》します。

中央小学校児童会《ちゅうおうしょうがっこうじどうかい》・布忍小学校児童会《ぬのせしょうがっこうじどうかい》・松原第三中学校生徒会《まつばらだいさんちゅうがっこうせいとかい》

第11章

多文化共生の学校づくり

——長吉《ながよし》高校（大阪府）

†長吉高校のプロフィール

長吉高校（以下、「長吉」）は、高校生急増期に設立された府立高校のひとつで、創設は一九七五年である。大阪市の南端に位置し、すぐ南を大和川が流れ、周囲には公営住宅が林立している。

次章で紹介する松原高校、あるいは大阪市北部の柴島高校などとともに、同和地区の人々の高校教育への願いを背景に設立された、「地元」色の強い高校として知られてきた。

長吉高校は、もともと三二年前「地域のために活躍できる人材を育てたい」という地元の熱い思いで開校した高校である。それゆえ、地域での仲間づくり、集団づくりを実践してきた小・中学校の教育方針に従い、地域の生徒たちが多数入学してきた。しかし、初年度から学区内の「低学力校」として位置づけられ、教育条件の整備等が遅れたこともあり、当初からいわゆる「荒れ」を経験した。そうした中でも、保護者や教員、地域が一体となって連携し、勉強のわからない生徒のための個別授業を展開するなど、「個」を大切にしながら学校教育を行ってきた。（『解放教育』四六一号、二〇〇六年四月、友草有美子「生徒をつなげる――さまざまなルーツをもつ生徒たちを中心に」、二三頁）

数年前に創立三〇周年を迎えた長吉であるが、ある時期から中国をはじめとするアジア諸国にルーツをもつ生徒が増え始めた。そして、大阪府における大規模な高校再編の流れの中で、何とか現状を打開したいと考えた当時の教職員の動きが原動力となって、二〇〇一年に府内ではじめての全日制単位制高校への改編、および「中国帰国生徒及び外国籍人生徒入学者選抜」(「特別枠」)が始まった。

現在の長吉は、外国にルーツをもつたくさんの生徒が学ぶ、全国でも類を見ないユニークな単位制高校となっている。

†日本のニューカマーの現状

長吉の紹介を進める前に、日本に在住するニューカマー外国人の状況について、簡単におさらいをしておくことにしたい。

ニューカマーとは、およそ一九七〇年代以降に、さまざまな経緯で日本に在住することになった外国にルーツをもつ人々の総称である。まず一九七〇年代から八〇年代にかけて、フィリピンやタイからの主としてサービス業・風俗産業で働く女性労働者、中国からの「帰国者」、ベトナム・ラオス・カンボジアからの「インドシナ難民」、さらには欧米諸国からのビジネスマンの来日が相次いだ。九〇年代以降になると、南米諸国からの日系人出稼ぎ労働者の増加が目立つようになった。さらに近年では、日本人との間で国際結婚をした人々の来日が増え続けている。

入国管理局の統計によると、二〇〇六年末現在における外国人登録者数は二〇八万人余り。この数値は、一九九六年に比べると約六七万人の増加で、外国人登録者数はこの一〇年間でほぼ一・五倍に増えた勘定となる。

国籍別にみると、外国人登録をしている人の国籍は一八八カ国にのぼり、最も多いのが全体の三割弱を占める「韓国・朝鮮」の約六〇万人である（そのかなりの部分は「オールドカマー」としての、いわゆる「在日」の人々である）。それに続いて、「中国」の五六万人、「ブラジル」の三一万人、「フィリピン」の一九万人、「ペルー」の六万人、「アメリカ」の五万人と続く。

子どもたちの状況に関しては、文科省の調査によると、二〇〇六年九月現在で、公立学校に在籍する日本語指導が必要な外国人児童生徒の数は二万二〇〇〇人余りで、前年に比べ八・三％の増加となっている。また、在籍学校数は全体で五五〇〇校余りであり、これも前年比で三・七％の増加である。母語別では、「ポルトガル語」が最も多く約八六〇〇人、以下「中国語」四五〇〇人、「スペイン語」三三〇〇人、「その他」が五五〇〇人となっている。

今日のニューカマーの二大グループを形成しているのが、中国人とブラジル人である。中国人は東京・大阪に相対的に多く居住しており、ブラジル人は群馬・静岡・愛知などに集住している。

私は、二〇〇七年三月に中国の黒龍江省、そして二〇〇八年一月にはブラジルのサンパウロを調査で訪れた。いずれの地においても感じたのは、日本に居住するニューカマーの人々は、それらの故郷にもしっかりとした生活基盤や人間関係を残しながら日本での生活を営んでいるという事実であった。まさにグローバリゼーションのなせる業と言ってよいであろう。

†マルチ・エスニックな長吉

長吉には、二〇〇七年度現在、「在日」の生徒たちを除いて、外国にルーツをもつ生徒が何と五六人在籍しているという。おそらく日本のなかで、これだけ外国人生徒の多い高校は、他にはないだろう。外国にルーツをもつ生徒の比率は、「在日」生徒を合わせると全校生徒の一二〜一三%程度にのぼるという。

「特別枠」で入学できる生徒数は募集人員の五%以内とされているので、外国にルーツをもつが、「一般入試」で入ってくる生徒も相当数いる。なお、その五六人のなかには、日本国籍を有している「国際結婚」家庭の子どもたちもふくまれている。また、「日本語指導を必要とする者」の数は四七名。すなわち、外国にルーツをもつ生徒であっても、日本生まれであったり、日本に長く住んでいたりして、日本語指導がもはや必要ないと判断される生徒も一〇人ほど存在するということである。

国別の内訳をみると、ブラジルが三名、フィリピンが四名、タイが二名、ニューカマー系の韓国が五名、ペルーが一名、ボリビアが一名、ベトナムが二名、残りが台湾をふくむ中国が三八名。まさにマルチ・エスニックと呼べるような状況である。

単位制高校である長吉では、通常の学校にある「学級」とか、「自分たちの教室」とか、「担任」といったものが存在しない。そうしたなかで、彼ら外国にルーツをもつ生徒たちの居場所となっているのが、国際交流室である。そこでは通常の授業も行われるが、昼休みになると、彼らの「たまり場」となる。当番の先生がつき、日本人生徒も出入りするが、まさにそこは「人種のるつぼ」と化す。先日訪問した際、思い思いの昼食をとり、ふざけあう彼らの姿を眺めていて、私は一瞬自分がどこにいるのかわからなくなってしまったのであった。

長吉の学校要覧案内には、次のような記載がなされている。

〈長吉高校の5つの特色・特徴〉

1 大阪府立で初めての全日制普通科単位制高校です。

2 必履修科目を含む、74単位以上を修得すれば卒業できます。

3 自分独自の時間割を組むことができ、少人数展開の授業をしています。

4 あなたが持っている、ありのままの個性を尊重します。

5 自己管理・自己責任を徹底しています。

上の五項目が、長吉の特色を余すところなく伝えていると言ってよい。

単位制高校とは、ひとことで言えば大学のような履修システムをもつ高校のことであり、長吉には、通常の学校にあるような「学年」という考え方がない。あるのは、「入学年次」「中間年次」「卒業年次」という言葉である。

†サポート体制

入学年次とは、要するに「一年生」のことである。そして、卒業年次が、「三年生」にあたる。ただし、四〜五年かけて卒業する場合もあるので、「三年」とは呼ばない。単位をある程度そろえて、あと一年で卒業できるとなった段階で、生徒は「卒業年次」に進める。そして、その間にはさまれた部分が、「中間年次」ということになる。入学年次から中間年次への移行は、単位がとれていなくても自動的になされる。したがって、長吉の場合は、中間年次の最後の段階で、学業継続をあきらめる者が増えるというパターンになるようである。

この枠組みのなかで、外国にルーツをもつ生徒への指導体制が整備されている。

その主体となるのが、かつての同和教育推進部を母体とする「人権文化部」という校内組織である。入学当初の高校生活への適応援助からはじまり、国際交流室等での居場所づくり、各種行事に向けての働きかけ、学習支援体制づくり、進路保障のための働きかけなど、彼らの高校生活全般にかかわるサポートを行っている。

学習指導・生徒指導の両側面に関して大きな意味を有していると思われるのが、入学年次における「取り出し授業」である。すなわち、外国にルーツをもつ生徒たちの多くは、「日本語指導を必要とする生徒」として、一年目に実技以外のすべての教科で抽出授業を受けるのである。これは、単位制高校であればこそ成立しうる、手厚い指導体制である。

そのなかで彼らは、自分と同じような境遇にある仲間と出会い、ともに学び、ともに語ることができる。ニューカマー生徒のなかには、中学校時代にいじめられたり、仲間はずれにされたつらい経験をもつ者も多いが、ほとんどの生徒が「長吉に来てよかった」「中学校と全然違う」と語る。長吉には、通常の学校空間とは異なる「場」が形成されているようである。なお、中間年次に入ると、彼らは原則として、一般の日本人生徒にまじって授業を受けるようになる。大事に育てられた「稚魚」が川に放流されるイメージであるとたとえられようか。

もうひとつ「居場所」としての大切な役割を果たしているのが、「多文化研究会」での活動である。この多文化研究会は、クラブ活動である。もともとは「中国文化研究会」であったが、さまざまなルーツをもつ生徒の増加にともなって、「アジア文化研究会」の時代を経て、現在の名称となった。「特別枠」で入ってきた外国人生徒には入部が義務づけられ、一般入試で入ってきた外国にルーツをもつ生徒にも入部が奨励されている。

主な活動は、日本語の勉強や母語・母文化の学習である。現在長吉では、授業の一環として、中国語・朝鮮語・ポルトガル語・スペイン語・フィリピノ語・ベトナム語の講座が開講されている。それらのカリキュラム化された部分と相互に補い合いながら、多様な形でクラブ活動が展開され、生徒たちの学習意欲の向上や積極的なエスニック・アイデンティティーの形成に一役買っている。

「自己管理」「自己責任」をモットーとする長吉では、すべての学校行事が、全員参加型ではなくエントリー制になっている。「やりたい者がやる」形をつくっているのである。そのなかで、一大行事となっているのが、秋に開催される文化フェスティバルである。一般的に言う文化祭で、展示・舞台発表と模擬店の出店がメインであるが、そのなかでひときわ異彩を放っているのが、テント三つを使っての「世界のたべもの」コーナーである。

多文化研究会に集う生徒たち、人権文化部や民族講師の先生方、そして保護者らが協力して、エスニック料理をつくる。今年度の場合は、中国の春巻、肉米糕（ロウミーガオ）〈中華風あげちまき〉、台湾のタンピン（天餅）〈台湾風クレープ〉、フィリピンのパンシット〈ビーフン〉、ボリビアのペェロ・カリエンテ〈ラテン風ホットドック〉、ペルーのアグアディト・デ・ポリョ〈米入り鳥のスープ〉、ベトナムのフォーボー〈牛肉入り米麵〉、ブラジルのカショホケンチ〈ラテン風ホットドック〉、タイのグリーンカレー、そして「朝鮮文化研究会」のキムパプ〈韓国風巻きずし〉、トクポッキ〈もちの甘辛炒め〉などが店頭に並び、すぐに売り切れたようだ。店を切り盛りする生徒たちやお母さん方の笑顔がとても印象的であった。

†先生方の思い

ここで生徒たちの指導にあたっている何人かの先生を紹介しておこう。

まずは、友草有美子先生。冒頭部分で引用した論文の著者でもある友草先生は、昨年度までの三年間人権文化部の代表をつとめられた社会科の先生である。最近、阪大大学院で日本に住むニューカマーのアイデンティティとコミュニティをテーマとした修士論文をまとめた勉強家でもある。今年度は一年のチューターをつとめ、担当のグループには六人の外国にルーツをもつ生徒（うち三人は日本生まれ）が在籍している。「一人ひとりに向き合う時間が増えてうれしい」とのこと。

友草先生は、今年で長吉に勤務して一〇年目となる。来た当時には、中国の子が各学年に二〜三人ぐらいで、中国人の講師の先生が個人の力で指導していたという。二〜三年後にフィリピンの子が来たので、クラブの名称をアジア文化研究会に変えた。そうこうするうちに、二〇〇一年に単位制高校になり、特別枠ができた。単位制一期生は、中国の子にまじってブラジルの子が三人いたという。ブラジルは全くなじみがなかったので、何とか講師の先生を見つけてきたけれど、言葉をふくめた文化の違いを教員側も十分に理解することができず、やめていく生徒もいたそうである。

「いろいろ集まるということは、こういうもんなんやとはじめてわかった気がします。それぞれの文化を大事にせなアカンと。」手探りのなかで、クラブでのサポート体制を考え、教科学習の展開の仕方も多くの教員の手によってつくり上げられてきた。今では、かなり充実した支援体制になったと手ごたえをおもちのようである。そして、次のような思いを語ってくれた。

彼らに将来ずっとかかわっていけるわけではないので、今どういうふうにしてあげたらいいかっていうのは悩んでいます。家庭の話を聞いていると、この子らよく明るくがんばって毎日学校に来ているなと思うぐらい、複雑な環境にある。ほぼ全員だと思いますよ。ドロップアウトする子もかなりいて、口惜しい限りなんですけど。高校をやめて、働くのもいいんですけど、同じような循環になってしまうかなと。親御さんがたいへん苦労されているのと……。この三年ぐらい、進学する子のサポートにずいぶん力を注ぎました。やっぱり勉強に意欲のある子らが大学に行って社会に出て行くのは、高校から就職するのと大きく違ってると思うんです。ほんとに勉強したいと思っている子らが、循環から抜け出るためには、道具がいるかなって。学問とか、勉強することとか。日本人の子も、同じくらい家庭背景はきびしいですが、外国人の子はそれにプラスして、いろんなカベがある。そのカベの分ぐらいは、余分にサポートしてあげたいですね。

次に、登場していただくのは、友草先生のあとを次いで今年度の代表をつとめる、同じく社会科の森山玲子先生である。長吉に来て五年目になるが、クラブを通じて、外国にルーツをもつ生徒たちとのつながりはたっぷりあったという。今年は、母語講座にかかわる七言語の先生方との調整役としての仕事が増え、その分生徒と向き合う時間が減ったそうだ。

森山先生は、多文化共生という課題について次のような意見を述べてくれた。

多文化共生ってやっぱり大変なんですよね。いろいろ違うし問題があって当たり前。でもコツみたいなものが、少しわかってきたんです。一〇〇年間こわれない森というのは、一種類の木だけではないそうですね。同じ木ばかりでは弱いって。森になっていろんな種類の木が集まると、光が少し当たりにくかったり、枝が思う存分伸ばせなかったり、いろいろあるけど、みんなちょっとずつ我慢する。そういうふうに、いろんな木がまざった森が強いんだそうです。自分のニーズを満たしてもらうためには、他人のニーズを満たすことにも協力しなければならないんですね。ほんとうは、学校のなかぐらいは、自分たちの文化を思いっきり出させてあげたいんだけど。文化祭のときも、ちょっと我慢してねって、お願いして。三種類の料理をつくるところを二種類にしたり、生徒は一人しかいないけど、タイの料理をつくったり……。そのほうがいろいろあっておもしろいって、豊かだって生徒たちもわかってきたんですよね。今やっと落ち着いてきた感じです。

「生徒たちの方が先にカベを乗り越えてくれた」とも言われた。長吉の生徒がマルチ・エスニック化していく過程のなかで、いくつものあつれきやコンフリクトが生じたようだ。しかし、「雨降って地固まる」のたとえ通り、今の長吉の国際交流室の雰囲気はすこぶるよい。

ひるがえって、現状での課題という点については、二つの問題が指摘された。

第一は、「多様化への対応」である。生徒たちの出自や母文化が多様化してきただけではなく、近年は生徒たちの学力差が拡大してきているという。国際結婚による「ダイレクト」(母国の中学から直接日本の高校に入学するケース)の生徒の場合には、かなり高い学力をもつ生徒が多い(もちろん、日本語のハンディは大きいが)。逆に、日本での在住期間が長くても、学力的にはきわめてしんどい子もいる。そうしたバリエーションにどう対応するか。さいわい長吉では、単位制ならではの「個人メニュー」が組めるために、それを最大限に生かした対応が日夜工夫されている。

第二は、「出口の問題」である。先ほどの友草先生の発言にもあるように、進路保障という観点からみた場合に、まだ課題は残されている。「ここに居ると楽しい、居場所もある。また、AO入試などで、大学の受け入れも進んでいる。でも、ここで個性を出している子が、卒業してからしんどくなる傾向があるように思う。どんな力を三年間でつけさせてあげたらいいのか?」という悩み。卒業生も、大学で留年したり、短大や大学を出ても就職がなかなか決まらなかったりすることもある。外で通用する力をどのようにつけるか。先生方の悩みはつきない。

最後に登場していただくのは、中国人の呢喃《ニーナン》先生。ニーナン先生は、実は私の最初の「教え子」であると言ってよい人である。私が二〇代後半で着任した大阪教育大学で、最初の大学院生として指導したのが、他ならぬ中国人留学生のニーナンさんであった。その後彼女は、東大阪の中学校での講師時代を経て、二〇〇一年から長吉に勤務している。あの「頑張り屋さん」だった留学生が、今では押しも押されぬ、中国人生徒たちの「頼れる母」となっている。

ニーナン先生は、最近の中国人生徒の傾向を「帰国生が減って、国際結婚が増えてきた」と概括してくれた。中間年次では、九人中八人までもが国際結婚の子どもたちということである。日本人と結婚した中国人母をもつ子どもが、高校入学を契機に日本にやってくる（引き取られる）というパターンが激増しているのだという。「中国帰国残留婦人」の祖母をもつ「帰国生」が、いなかの大家族で成長してきた素朴な子どもであることが多いのに対して、「国際結婚」の生徒たちは、より都会的で、一人っ子が多く、見た目ではふつうに見えても、複雑な思いを抱いていることが一般的だという。何しろ日本人と結婚し、先に日本に来ていた母親と、長くはなれて暮らしたのちに、思春期になって突然日本に来るわけである。親の言うことを素直に聞けず、精神的に不安定な場合も少なくないという。

ニーナン先生は、保護者とのかかわりもふくめ、三〇名以上いる中国からの生徒たちの指導を一手に引き受けている。生徒たちのタイプがどのように変わろうとも、その「要」としての役割は変わらない。「最初のスタートが大事。がんばろうという気になったときに、すぐに何かを提供してあげないと」と語る彼女は、生徒たち一人ひとりの将来をおもんぱかって、精力的に情報収集を行い、他の先生方の協力・援助をも引き出している。中国における「老師」（教師）の厳しさと優しさを合わせもち、周囲が全幅の信頼を寄せている人物がニーナン先生である。

†ある生徒のストーリー

私が長吉で知り合った生徒の一人に、ベトナム人のタィくん（仮名）がいる。私が彼にはじめて会ったのは、彼が長吉に入学してきて二年目（中間年次）の夏休み前のことであった。まだ来日後二年も経っていない彼の日本語はたどたどしいものであったが、その直前にドイツで開催されたワールドカップの試合を、テレビで夜中に父親と一緒にずっとナマで観戦した、と楽しげに語る彼の目の輝きが印象に残った。入学当初はほとんど日本語がしゃべれず、サッカー部に入った彼は「足痛い！」と言うことすらできなかったそうである。

両親がベトナムを離れ日本で働いていたために、彼は祖父母に育てられた。そして、ベトナムの中学校を卒業したのちに、日本にやってきた。八尾の中学で半年ほど過ごしたのちに、彼は長吉に入学することができたのだが、見学に来た際に、「国際交流室、いい感じだったんです！」という印象をもてたことが進学の決め手になったようである。

友だちもたくさんできました。最初は、外国人の友だちだったですけど、二年になって、日本人の友だちもできました。先生は熱心に教えてくれて。今、僕を心配してるみたいな。大学のこととかいろんなことを調べてくれました。

知的にすぐれ、やる気もある彼に対して、先生方は入念な個別指導プログラムを立てたようである。例えば、卒業年次には彼は、母語や日本語の学習をするかたわらで、数Ⅲの授業をほぼマンツーマンの形で受けることができた。その甲斐あって、彼はこの冬見事に、大阪のある有名私大の理系学部への進学を決めることができた。総合学科等の他のタイプの高校では、一定の「しばり」があるため、ベトナム語を学びながら数Ⅲをもやるという時間割を組むことはできない相談であろう。単位制高校の長所が、彼の進路実現に大きく寄与したことは間違いない。

ただ、彼の両親は、「公務員にでもなって、早く働いてほしい」という気持ちをおもちのようである。また、彼が進学するのは私立大学であり、今後学費を継続的に捻出できるのかという課題もある。

多文化研究会のスタッフは、卒業生を心理的に支えるために、年に一度ぐらい「同窓会」的なイベントをもったらどうかといった話を始めているようだ。

†「二兎を追う」

今年長吉に赴任してきた濵名《はまな》猛志校長は、次のような課題意識をもっている。

ちょうど今年が、単位制になり七年めです。最長六年間おれるわけで、一期生はもうみな出ていきました。最初の六年間を今年度一年かけて総括して、それをもとに、次のステップとして長吉高校をどうするかということを考えようと動き出しています。そのなかで出てきたのが、外国籍の子、ピアプレッシャーに弱い子、編入学や転入で来る子らの卒業率はいいですから、その子らにとってはたしかにプラスやと。学年集団をつくらない、無理して集団主義にしないというやり方のメリットはたしかにあると。でもその一方で、副作用というか、日本の中学校の文化からしたらポーンと違う文化へいきますから。その落差を何とかしたいですね。生徒にアンケートをとると、全員参加にしてほしいとか、思い出づくりをしたいという声が上がってきますね。

学年がなく、学級という生活集団もつくらない長吉では、通常の学校と比べると、「ピアプレッシャー（仲間からの圧力）」が極端に低い。その特性は、例えば「集団でわっとやるのが苦手な子」「日本語指導を必要とする子」「不登校気味の子」「障害のある子」などにとっては、プラスに働くことが多いだろう。しかしながら、これは両刃の剣で、「従来の集団主義の手法が通用しない」ため、生徒たちの帰属意識やセルフエスティームを育んでいく上ではマイナスに機能する場合もある。現に長吉の中途退学率は、全日制普通科高校としてはかなり高くなっており、「何とかしてくれ」という地元中学校からの声も聞こえてきているという。

濵名校長は、「二兎を追わねばならない」という言葉で、このジレンマを表現してくれた。せっかく入学してきた生徒たちに対して、「うちのシステムに合いませんねんとは言えない」のである。「うちのシステムに合うタイプの子を送ってほしい」と周囲に対して丁寧に発信していくかたわら、どうしたら現行のシステムに「いい意味での集団主義教育のよいところ」を組み込んでいけるか、そして授業をどのようにより魅力的なものに改善していけるかが、今後の学校づくりの鍵になると思われる。

日本一多文化的な高校、長吉の挑戦は続く。

第12章

ともに学び、ともに育つ

——松原高校（大阪府）

†反適格者主義？

もうずいぶん前、東京の大学に勤務していた時分のことだったと思う。大阪に知的障害のある生徒が通っている高校があると知り、興味をひかれた。「果たして彼らは、高校の勉強についていけるのだろうか？」、当初は率直にそう思ったものである。今回扱う松原高校（以下「松高」）は、そうした学校の「はしり」と言ってよい府立高校である。

新制高校は、総合制・小学区制・男女共学といういわゆる「高校三原則」を理念として発足したが、当初から「入り口」の問題に関して、「希望者全入主義」と「適格者主義」との対立があったという。すなわち、「希望者を全員入学させるべし」という考え方と「高校教育にふさわしい学力を有する者にのみ入学を認めるべき」という考え方との対立である。戦後の高校教育が、実質的には後者の「適格者主義」の考え方のもとに展開してきたことは周知の事実である。今日にいたるまで、高校側は自校にふさわしい学力を備えた者を選抜しようとし、他方生徒側は、希望校に合格するために必死に受験勉強するという姿が一般的な形であり続けている。

知的障害のある者の高校への受け入れは、そうした「一般形」とするどく対立するものである。「勉強がわからない者が高校の教室で学ぶ意味がどこにあるのか？」「そもそも授業についていけない者に高校で学ぶ資格があるのか？」といった声が聞こえてきそうである。しかしながら、松高をはじめとする大阪のいくつかの高校では、そうした「常識」とは一線を画した教育実践がこれまで蓄積されてきた。それらの実践が提起するのは、大げさに言うなら、従来の日本の教育界の「常識」をくつがえすような、起爆力をもつ別種の価値観であり、代替的な人間形成のダイナミズムである。

松高に出入りするようになってから、私の常識も徐々に変化してきた。すなわち、「適格者主義」を暗黙の前提としてきた私自身の頭がずいぶん柔らかくなり、松高的なあり方が素敵だなと思えるようになってきたのである。

では、その松高とは、一体どのような学校なのだろうか。

✝歴史

松高については、私の研究仲間である菊地栄治さん（現早稲田大学）が編者となってつくった『進化する高校　深化する学び』（学事出版、二〇〇〇年）という本があり、それを読むことによって、ある時点までの教育実践の全容をつぶさに理解することができる。

さて、その本の冒頭部分で、現校長の易《えき》寿也先生（当時は教諭）が、松高の歩みを振り返っておられる。障害のある生徒の受け入れについては、概略次のような経緯があったようである（以下の内容は、易先生の記述にもとづく）。

松高は、松原市内に地元の中学生が行ける高校がないという当時の状況のもとで展開された地元校育成運動の成果として、一九七四年に設立された。その際には、ＰＴＡや中学校生徒会等による、四万人にもおよぶ署名が集まったという。

知的障害のある生徒の受け入れが始まったのは、七八年に入学した五期生たちの年代からであった。その中心にいたのが、第10章で紹介した松原三中の卒業生たちであった。易先生の文章から引用してみよう。

とりわけ重要な意味を持っていたのが、彼らが入学に際して突きつけて来た知的障害をもつ生徒との交流の要求であった。五期生と共に松高への入学を目指したのは、入試選抜では合格の可能性のないＭ君とＮさんという重度の障害を持つ生徒であった。彼らを囲む仲間は「自分たちは二人を中心にして地元校の松高に〝一本の大根〟として偏差値を否定してみんなで入学するために頑張ってきた。二人を切り捨てた地元校はあり得ない」というものであった。この要求は、「地元校とは何か？」「中学校の仲間づくりに地元校はどう応えるのか？」という本質的な問いを松高側に突きつけたものであった。いままで、そのような事態を考えたこともなかった松高教師はとまどった。何日もの激論の後に確認したのは、「入試に不合格でも高校内に交流の場所と機会は保障する」という回答であった。といってもその内容は二人と共に生きるという生徒たちの運動の場を受け入れるということであり、交流の主体はあくまで生徒たちであるという確認がなされた上であった。生徒たちの声も受け入れる中で、二人のことを「準高生」と呼ぶことにした。（前掲書、二九―三〇頁）

要するに、入試を突破できなかった障害のある生徒に対して「準高生」というステータスを校内的につくり出し、仲間とともに学ぶという権利を保障したのであった。「二人の存在が学校の空気を変えた」「当たり前のようにあった適格者主義が崩れ、高校も、それを必要としているものにひらかれて当然だという意識を育てた」と、氏は当時を振り返る。

準高生たちの高校生活を支えたのは同学年の有志生徒による「仲間の会」であり、この伝統は、後述するように制度的位置づけが変わった今日でも、維持されている。すなわち、同学年の生徒たちが、障害のある生徒たちの学校生活の支えをし学習のサポートを主体的に行ってゆくのである。準高生を支えたのは、「受け入れるのは学校でなく、生徒である」という考え方であった。高校の学校文化からすれば、コペルニクス的な発想の転換だったと言ってよいだろう。

それ以降、トータルで六〇名以上もの準高生が松高に在籍した。最も多い年（一九期生）では、その数は七人に達したという。このような、きわめて「大阪」的な取り組みを行ってきた府立高校としては、松高以外に、柴島高校等をあげることができる。

こうした実践の蓄積をふまえ、二〇〇一年度から、松高をふくむ五つの高校が「調査研究校」に指定され、障害のある生徒を正規の高校生として受け入れようという試みが正式にスタートした。以下は、当時の大阪府学校教育審議会の答申文からの引用である。

高校への進学率が約九六％に達していること、公立小・中学校の九四％に養護学級が設置されており、ほぼすべての学校において、障害のある子どもたちと障害のない子どもが「共に学び共に育つ教育」が行われている状況をみるとき、後期中等教育段階においても、知的障害のある生徒が生涯にわたって自立していくための教育の充実を図ることが望まれる。

そして、五年間の調査研究期間を経て、二〇〇六年度より九つの府立高校に「知的障害生徒自立支援コース」が設置されるに至った。そのコースに入学・在籍する「自立支援生」（各校二〜三名）は、基本的に障害のない生徒と共通の教育課程に沿って高校生活を送ることとなっている。

現在の姿

松高には現在、九名(二〇〇七年度八名、二〇〇八年度九名)の自立支援生が在籍している。そのなかには、私が松原三中で知り合った複数の生徒もいる。すなわち三中生だった彼らが、今では立派な松高生として活躍しているのである。Aくんなどは、私のことをよく覚えてくれていて、顔を合わせると毎回元気に声をかけてくれる。私としても、たいへんうれしい瞬間である。

彼らへのサポート体制を整備する上で中心的な役割を果たしてきたのが、長く「障担」をつとめて来られた加納明彦先生である。先生はもともと数学教師であるが、松高に赴任してから、この問題に対する関心を育んできたという。

加納先生もまた、松高はもともと「地域の要望でできた学校」であり、「ともに学んできた障害者と一緒に高校へ」という中学生たちや保護者の熱い思いが、現在の「自立支援コース」へと連なる伝統の原動力となっている点を強調する。

松高自身がノーマライゼーションというスローガンで進めてきたというのではなくて、

小中からの強い要望とか保護者の熱い思い、当時の五期生たちの熱い思いを受けて、何かできることからやろうということで、教育の原点みたいなものと思いますけど、それで動いたというのがすごいことだったと思いますね。

氏は、「仲間の会」の重要性を指摘してくれた。自立支援生の中学時代の同級生や生徒会のスタッフなど、ひと学年で一〇~二〇名の生徒が、学年単位で仲間の会を組織する。そのうち中心的に動くのが四~五名ぐらいのメンバー。

教師だけでは問題解決しない。三年間支えてくれる仲間の存在が決定的。彼らのことをよく知っているしね。きれいごとだけでなく、何が起こってるか、どんなトラブルを起こしているかも把握しているし。

かつては「運動」としてあった準高生のシステムだが、今日では「制度」として自立支援生が存在している。時代の移り変わりもあり、高校生気質の変貌もあるだろう。彼らと彼らを取り巻く「仲間」との関係性は、いやおうなく変化している。

すなわち、かつては同学年の生徒たちの了解がとれるまでは、準高生には通学も認められず、制服も着ることができなかったため、その間、必然的に自分自身の姿勢を問われることになった。「ともに生きていく」ための課題をごまかさない厳しい雰囲気があり、それを乗り越えるためには仲間の支えが文字通り不可欠であった。しかし、今の生徒たちには、そうした「通過儀礼」的な要素はない。試験にパスしさえすれば、純然たる高校生である。「自分ががんばって面接試験に受かった。だから、仲間とかかわる必要もない」といった、準高生時代にはありえなかった反応が返ってくる場合もあるという。そういう側面が強くなると、仲間の存在の意味が薄れることがある。そこで入学時点での「仲間づくり」が、なおさら重要になってくるのである。

そうしたからみもあって、入学者の選抜にあたっては、「中学校終了までの段階で、どれだけ集団のなかでもまれて成長してきたか」という視点を松高では大切にするということである。松高の「自立支援生」枠は人気があり、いつも定員の「三名」を上回る出願がある（なお、出願の要件は「療育手帳を有している」ことであり、障害の度合いは問われない）。希望する生徒には、松高の「ともに育ちともに学ぶ」という学校目標を十分に理解して受験してもらうよう促している。

「それでも、制度改革はありがたい」と、氏は語る。「運動としてやっていたころと比べると、安定した取り組みができる」というわけである。例えば、教科指導の面でも、よりシステマティックな対応が可能になる。かつては時間割自体に制約がなく、それぞれの個性に合わせたと言えば聞こえはよいが、行きあたりばったり的な面もあった。今日では学校全体のカリキュラムと彼ら自身の個別カリキュラムとの対応づけがしっかりとなされるようになっている。

より具体的に言うなら、自立支援生の時間割は、三分の一が個別授業で、残りの三分の二が「みなと同じ」という感じになっているという。個人によって多少の増減はあるが、「経験的によいバランスがこれ」だということである。さらに後者の約半分が「選択授業」（松高は総合学科であるため、選択授業の比重が相対的に大きい）である。すなわち、個別授業が三分の一、選択授業が三分の一、そして残りの授業（国語や社会科等の「座学」）が三分の一程度となるということである。

最後の「座学」の部分まで「抜き出し」てしまうとクラスにいる時間がなくなってしまうため、自立支援生は、ノートをとったり、板書を写したり、ということで授業に参加する。その際、あえて教師がサポートにはつかず、仲間がサポートするという原則を立てている。理由は、先に述べた通りである。ただし、「選択授業」については、教室移動や授業のなかでの「動き」が多く、サポートの頻度が高いので、教師や人材バンクからのサポーターがつくことになっている。しかしその際も、それらの「大人」には「他の生徒とのつなぎ役になる」ことが期待されている。

彼らを指導していく上で、松高の教師が特に大切にしているのが、以下の二点である。

第一に、「問題解決能力」を育成すること。具体的には、困ったときに「助けて」と言える生徒を育てようということである。当たり前のようであるが、これが案外むずかしい。障害のある生徒はどうしても援助者に頼りがちになる。大人の方にしても、何かと手を貸したり、口を出したりしがちになる。次は、加納先生がある雑誌に書いた文章からの引用である。


困難に差し掛かったときに、躊躇なく適切な援助を求め行動できることが、就労や自立生活をつづけていくための生命線であることは、多くの卒業生の事例からもいえることである。（中略）「助けて」と言うためには周りの生徒たちが「受け入れてくれる」という成功体験とその結果の信頼感がなければならないと考えている。（『特別支援教育研究』日本文化科学社、二〇〇七年一一月号〈六〇三号〉、二一〇〜二一三頁）

第二に、「状況判断する力」を鍛え、「行動する自信」を育成すること。知的障害がある生徒は状況判断をする力が弱いと言われることが多いが、それは、そうした場面に当事者を置かない援助者のかかわり方の問題でもあるという認識にもとづいて、いろいろな場面で、極力本人に判断させるということが試みられている。授業にしても、行事にしても、「何でも教師がやる」という形にしないということである。

例えば、準高生の時代には受ける必要がなかった「テスト」に関しても、その内容や受ける場所・受け方を本人に決めさせることを行っている。自立支援生も、通常の評価の対象となるからである。「助言を受けながらのテスト」や「口頭試問でのテスト」といった工夫がそこでなされる。そうして、本人に見合った到達目標の達成度を、さまざまな角度から見極めて評価しようとする努力が払われるのである。

†多様な学びを保障する

先にも触れたように、松高は総合学科である。一九九六年に、他校に先がけて、府内初の「総合学科高校」として再スタートを切った。総合学科になると、学区のカベを超えて出願できるため、「地元校」としての色彩はどうしても薄まってしまう。そのリスクを承知で、松高は総合学科となった。それから、すでに一〇年余りの歳月が流れた。

そうした制度改革期をふくめ、二〇年以上にわたって松高の教師をつとめてきた前出の易先生は、他校での数年間の教頭経験を経て、二〇〇七年度「校長」として松高に戻ってきた。易校長は、松高の現状について、「着実に前進していると思う」と総括してくれた。

入学したときはどんな子であっても、松高の方針を本当に信頼して三年間の学校生活を送っていけば、卒業するときにはみんなの前でしっかりと話せる子が育っている。これは、ひとつのメソッドやと思っています。誰でもです。がんばる子、すごく力がある子がそうなるというのではなくて、どんな子も学校に信頼感をもって過ごせば、確実に自分のことを言葉にして話せる子に育っている、と思っています。

菊地さんは、先に紹介した本のなかで、「総合的（ホリスティック）な知を育む」という言葉で松高の教育実践を特徴づけている。同じことを易校長は、「ハートの部分を育てる教育」という言葉で表現する。「自分を語り、他と接して、発信していくということが、自然にできるようになる」のが、松高教育の真髄であるとおっしゃる。

その際に、とりわけ大きな意味を有しているのが、以下に述べる「四つのイベント」である。第一に、入学当初のホームルーム合宿。第二に、一年次に開かれる「産業社会と人間」のコンペ。第三に、二年次秋の「韓国への修学旅行」と年度末の「人権の集い」。そして第四に、三年次の最後にもたれる「課題研究」の発表会。いずれも、広義の「人権学習」の一環として行われている授業あるいは行事ということができるが、それらの機会を通じて、松高生たちは、さまざまな他者と出会い、幅広い経験を積み重ねるなかで、自分自身を振り返り、新たな「気づき」や「自信」を得、積極的な自己変容を遂げていく。

まず、最初のホームルーム合宿は、新一年生に対して四月にもたれる二泊三日の宿泊研修である。そこでは、上級生の「ピアカウンセラー」が教師と協力しながら、入学者たちに松高のスピリットのようなものを伝えていく。

続く「産社のコンペ」とは、必修科目「産業社会と人間」のなかでの学習成果の、コンペ（競争）形式での発表会である。「野宿者」や「AIDS」や「認知症」といった今日的テーマについて、半年間をかけてグループで学習活動（調べ学習・見学等）を積み重ね、問題解決に向けてのアイディア・提案をふくめたプレゼンを行う。審査員として立ち会うのは、生徒たちの学習活動にかかわった外部からのゲストたちである。

二年生での取り組みの中心となるのが、九月の韓国への修学旅行。事前学習や現地でのいくつもの交流活動を通じて、生徒たちは自分自身の学びを深めていく。例えば、ある「在日」の生徒は自分の立場に自信をもてなかったが、修学旅行で日韓の歴史について学んだことを契機に、「在日」であることに正面から向き合うようになったという。その生徒は、後にふれる「課題研究」で、そのテーマについて深く掘り下げていくことになる。

二月に開かれる「人権の集い」では、一・二年生全員が体育館に集まり、総合的な学習の時間を使った人権学習についての成果を発表しあう。一年生は学級単位での、二年生は「部落問題」「障害者問題」等のテーマ別グループでの発表である。

そして、締めくくりが「課題研究」。簡単に言うなら、大学生の「卒業論文」のようなものである。研究テーマは、「国語」「歴史」といった「座学」的ものから、「舞台芸術」「看護」、あるいは「国際」「情報」「人権」といったものにいたるまでの幅広い範囲から選択可能である。卒業生全員が、一人一五分の持ち時間で発表を行う。課題研究の発表大会には、丸一日が割かれることになる。

最近では、二〇〇八年二月に開かれた「人権の集い」を見学させてもらった。特に印象深かったのは、担当の先生の声かけではざわつきが止まなかった生徒たちが、体育館の舞台での仲間の発表が始まるやいなや、集中した「聴く姿勢」を示したことであった。

一年生、二年生とも、「部落出身」「障害者」「渡日生」など、さまざまな立場にある生徒たちが次々に壇上に上がり、家族や仲間に対する思い、自分自身の現在や将来についての気持ち、あるいは周囲の人々や社会に対してのメッセージを、自分自身の言葉で語っていく。この「人権の集い」は一九八六年から続いているそうであるが、二〇年経っても変わらないこのスタイルに、私は感動した。しかも、易校長によると、以前は学年のリーダー的な生徒が前に立って話をすることが多かったそうだが、「今ではみんなが、みんなのなかから自然に出てきた仲間が話す」形になってきているという。

こうした風土というか、雰囲気をもつ学校文化があるからこそ、前節までで述べてきたような、障害のある生徒を受け入れる取り組みがうまく機能しているという事実を忘れてはいけない。「自分の気持ちを率直に語れる生徒たち」「そのメッセージを真摯に受け止める仲間や教師がいる環境」、そうしたものが存在しなければ、知的障害のある生徒の居場所がせまくなってしまう。

松高の変革に深くかかわってきた檜本直之先生は、総合学科移行後の現状について、次のように語ってくれた。

総合学科がスタートして一二年。人権の視点に根ざして社会の課題を見つけ、学びを深めていくという点では、成果があがっているのではないでしょうか。特に、生徒同士が影響を与えあって、学びを深めていくということについては、普通科の時代から脈々と流れているものがありますが、ひとつの形ができあがってきたのではないかと考えています。進学面とか、社会的な格付けとは別に、どこに出しても誇れる取り組みではないかと考えています。

おそらく松高は、日本で最も多くの時間を人権学習に割いている高校のひとつではないかと思う。何しろ転任してきた多くの先生方が、こうした松高のスタイルに当初は面食らうそうであるから。

†これからの課題

このように書いてくると、順風満帆のように見えるかもしれないが、松高にも課題がないわけではない。

例えば、松高で人権学習をリードしてきた稲垣靖先生は、次のように指摘する。

明確な目標とか、こんなことしたいということをもっている生徒にはすごくいい学校だと思います。やればやるほど、次にやることが見えてくるし、結果がついてくるし。しかし、そんなに目標がない子にとっては、その子らをも惹きつける、あるいは変えていくだけのものがまだないとも言えますね。

檜本先生も、それに関連して、次のように述べる。

中学生や保護者に松原高校がどんなところかということが、なかなかうまく伝わらない。「自由な学校」というレッテルがあるんです。人権を大事にするということは、保護者にとってもわかりにくく、「何でもできる学校」と見られている。そこが難しい。われわれが大事にする「自由」と子どもたちが期待する「自由」がかなり違う。好き勝手できるというか、近隣の学校が厳しくやっているなかでね。

易校長は、もっとダイレクトに、「体を解放することは心を解放することにつながるおそれ」という言葉で、「選択」を重視する総合学科高校が共通してもつジレンマを表現してくれた。すなわち、「選択することには裏があり、たえず学校自身が自主的な規律をもたないと、生徒がすぐに崩れてしまう」というジレンマである。「一定の規律のないところに学習は成立しない」と、氏は言い切る。「楽な部分へ流れていくことを止める」ための規律が、今求められているようである。

最後にもう一点、「いわゆる基礎学力とわれわれが松高で育てている力の連関をどう捉えていくか」という課題を、易校長は指摘してくれた。端的に言うなら、「英数国の力をもっと伸ばさないといけないと思う」ということである。氏は、これまで培ってきた力

（＝コミュニケーション能力）を、それ（＝基礎学力の向上）に生かせるのではという着想を語ってくれた。例えば、英語を皆の前で話すといった場面を頻繁につくるといった具合に。

私にとって、松高との出会いはきわめて大きな意味をもつものであった。日本にもこんな高校があったのかという驚き。松高とて高校の階層構造や偏差値ランキングと無縁ではありえないが、しかしながら、そうした「構造」や「常識」を打ち破るだけの潜在力を、松高の学校文化は有しているように思う。適格者主義へのアンチテーゼ、「ともに学ぶ、ともに育つ」というスローガンを具現化した高校の姿。

松高は、日本の高校を変えるひとつの有力なモデルを提供してくれている。

終章

「力のある学校」をつくる

†「力のある学校」の考え方

序章で、公立学校のメリットとして、「地域性」「平等性」「多様性」の三つをあげた。第1章からの一二の学校の記述を通して、読者の皆さんには、その豊かな中身を十二分に堪能していただけたのではないかと思う。

私は数年前から、あるべき学校の姿を、「力のある学校」という私自身の造語で捉えようとしてきた（志水『学力を育てる』岩波新書、二〇〇五年）。

学校現場ではよく、「力のある子ども」とか、「力のある教師」という言葉が聞かれる。「力のある子ども」とは、「勉強ができる子」であったり、「自分の気持ちをはっきり言える子」であったり、「教師の期待に的確に応えられる子」であったりするが、総じて「いくつかの側面で高いポテンシャルをもっている子」のことを形容するときに、その用語が使われる。「力のある教師」も同様で、「学習指導・生徒指導・部活指導などの諸領域で、総合力の高さを発揮する教師」がいるとき、もっぱらその言葉が用いられる。

学校についても同じことなのではないかと、ある時期から思うようになった。学校は、授業だけやっていたらよいというものではない。生徒指導や学級活動の領域もあれば、行事や部活動などもさかんに行われている。給食指導や清掃指導といったジャンルもあるし、校種間連携や地域連携といった活動にも取り組まなければならない。要するに、学校、とりわけ公立学校は、専門店としては成り立ちえず、地域密着型スーパーというか、「何でも屋」たらざるをえないのである。問われるべきは、個別的・専門的な優秀性なのではなく、多面的な総合力である。そして、「力のある学校」とは、高い総合力を発揮している学校のことである。

「力のある学校」では、子どもたちが元気に学校生活を送っているはずである。本書に収められた一二の小・中・高校でそうであったように。そうした気持ちをこめて、「力のある学校」の英語訳に、〝empowering school〟という語を当てたいと思う。すなわち、「すべての子どもをエンパワーする学校」が、「力のある学校」である。

では、「エンパワー」とは何か。大阪を中心とする関西の学校現場では、「エンパワー」ないしは「エンパワメント」という語は近年よく使われるようになってきているが、全国的にはまだまだなじみのない言葉だと思う。「エンパワー」とは、最もわかりやすく言うなら、「元気づける・勇気づける」ことである。「その個人が内的にもっているよさやポテンシャルに気づかせる」ことだとか、「自信や自尊感情を回復し、前向きな姿勢になる」ことなどと説明される場合もある。

例えば、家庭環境が複雑で、勉強にも友だち関係にも自信をもてない小学生がいるとする。その子は教室では目立たない存在で、うつむき加減で学校生活を送っているかもしれない。そのときに、さまざまな働きかけの回路を通じて、その彼なり彼女なりの自信を回復させ、学校生活に積極的に取り組める状態にもっていけるような学校が、「力のある学校」であると私は考えたい。具体的には、その子を元気づけ、やる気にさせるような人間関係のきずなと多彩な教育活動を組織できるのが、「力のある学校」の内実である。

その際に、特定の子どもたちだけがエンパワーされるというのでは困る。レギュラーメンバーだけが輝き、「控え」の選手たちが日陰の存在に甘んじる運動チームのようなあり 方はのぞましくないのである。すべての子どもがエンパワーされる状態、すなわちレギュラーも控え選手もその存在意義を同等に認められ、全員一丸となって目標に邁進する姿を実現しているのが、「力のある学校」のイメージである。

学校現場で多くの時間を費やすうちにだんだんわかってきたのは、そのようなタイプの学校では、子どもたちだけでなく、大人もまた例外なくエンパワーされているということである。大人とは誰か。第一に教師であり、第二に保護者であり、第三に地域住民を中心とする学校の活動にかかわるすべての人々である。「力のある学校」では、子どもたちのみならず、教師たちの顔も輝いている。そして、出入りする保護者や地域の人々の表情にも、「来てよかった、また来よう」という気持ちがあふれている。

第7章でふれた「効果のある学校」という考え方が、調査結果を統計的に分析することを通じて導き出される「操作概念」ないしは「分析概念」だとすれば、「力のある学校」という考え方は、いわばすべての学校にそうなりたいと考えてほしい「目標概念」である。前者が「点数学力」をもっぱら問題にするのに対して、「エンパワー」という語を中心に据えた後者は、「より広範にわたる教育活動の成果全体」を問題にする。

†「スクールバスモデル」とは？

私たち大阪の研究者グループは、ここ数年「効果のある学校」あるいは「力のある学校」を主題とした調査研究に携わってきた。その最新の成果が、これから述べる「スクールバスモデル」である。これについては、すでに報告書（『力のある学校』研究会『「力のある学校」の探求――大阪府・確かな学校力調査研究事業（平成一九年度）から』、二〇〇八年四月）を刊行しており、それをもとにした学術書も近いうちに出版するつもりである。ここではその概要を、本書で紹介した学校の事例に即した形でお伝えすることにしたい（なお、本章での記述は前掲報告書に多くを負っていることを、あらかじめお断りしておく）。

大阪府では、二〇〇六年度に府内（大阪市をのぞく）のすべての小・中学校が参加した学力テストが実施された。私は、そのデータを分析するグループに入れてもらい、私の指導する大学院生たちと「効果のある学校」論の考え方にもとづく分析を行った。その結果明らかになったのは、次のような事実であった（大阪府教育委員会『平成一八年度大阪府学力等実態調査報告書』、二〇〇七年三月、第五章）。

①　学校が置かれている地域の社会経済的背景（「就学援助率」「単親家庭率」等）と学力との間には、かなり大きな相関関係が存在する。特にそれは、中学校で顕著である。

②　小学校では、学力向上についての学校の取り組みが社会経済的ハンディキャップを乗り越える結果に結びつくことが多いが、中学校では、それがかなり困難になる。

③　それらの結果として、恵まれた地域に立地する学校はさしたる努力をしなくても学力面で成果を出しやすく、逆に社会経済的にきびしい校区をもつ学校は努力を重ねても結果を出しにくい、という傾向が見られる。そして、その傾向は、中学校でより強くなる。

このような分析を積み重ねる過程で、私は「効果のある学校」とみなしうる公立小中学校において、「その教育の質的な特徴はいかなるものなのか」、そして「いかにすればそうした学校をつくり出すことができるのか」といった問いに答える実践的研究に、改めて着手する必要性を痛感するにいたった。そうした意図をくんで府教委の事業計画（「確かな学校力調査研究事業」）が立案され、二〇〇七年度に私たちのフィールド調査が行われる運びとなった。

私は、研究者と大学院生総勢一八名からなる研究チームをつくり、「効果のある学校」とみなせる一〇校（五つの小学校と五つの中学校）を対象に、一年弱にわたる継続的な訪問調査を行った。私たちが対象校で行った活動は、主として次の三つである。まず、授業やその他の教育活動、あるいは教師たちの会議や地域活動等の観察と記録。そして、教師たちや児童生徒たちとの会話や聴き取りとその記録。さらに、その他もろもろの関連資料の収集と整理。そうして集められたさまざまな情報から、各校の「成果」を生み出すのに寄与していると考えられる「要因」を網羅的にリストアップし、それをメンバー全員で集約していった。その後集約された項目の内容とワーディングを確定し、さらにその全体像をひとつのイメージにまとめる作業を行った。その結果できあがったのが、「スクールバスモデル」である。

まず、最終的に導き出された八つの項目をまとめたものが、表13―1である。それぞれの項目の英訳の頭文字をとって、スクールバス together 号と名づけた。

それをスクールバスの形で図示したものが、図13―2である。図中には、八つの要素と、

表13―1　「力のある学校」の8つの要素―― together号

① 気持ちのそろった教職員集団	(*Teachers*)
② 戦略的で柔軟な学校運営	(*Organization*)
③ 豊かなつながりを生み出す生徒指導	(*Guidance*)
④ すべての子どもの学びを支える学習指導	(*Effective teaching*)
⑤ ともに育つ地域・校種間連携	(*Ties*)
⑥ 双方向的な家庭とのかかわり	(*Home-school link*)
⑦ 安心して学べる学校環境	(*Environment*)
⑧ 前向きで活動的な学校文化	(*Rich school culture*)

図13―2　「スクールバス together 号」図解

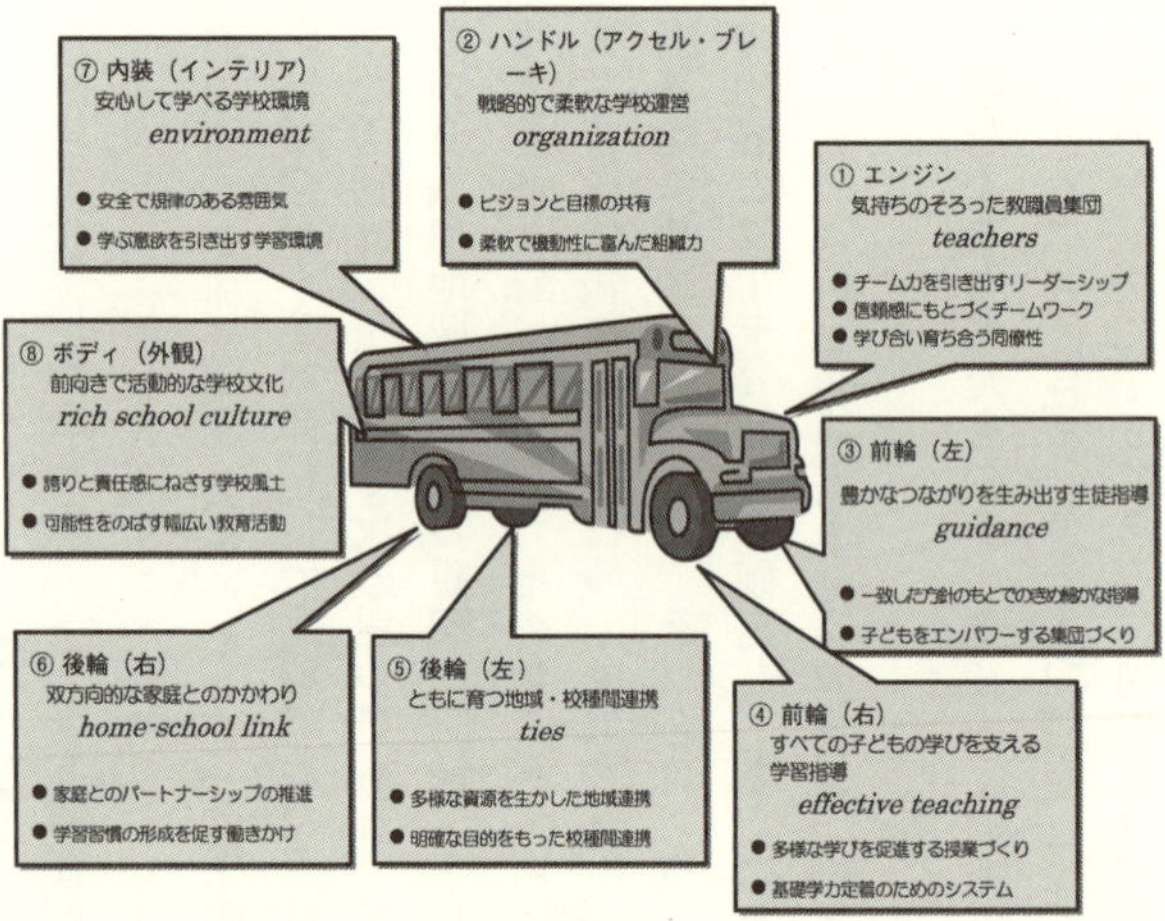

それをさらに細かく分けた一七のサブカテゴリー(①のみ三つ、あとは二つずつ)を示してある。

教職員集団のエンジンと学校運営のハンドルさばきをバスの中心とし、生徒指導と学習指導はバスを導いていく前輪、校種間連携と家庭連携は運転を安定させる後輪、学校環境と学校文化をバスのインテリアとボディーと捉えた。スクールバスが走っていく道は決して平坦ではないだろうが、八つの要素をうまく組み合わせて、少々の悪路であっても力強く前に進んでいく学校の姿を思い描いた。

以下では、八つの要素の一つひとつを、いま少し詳しく見ていくことにしよう。

†八つのパーツ

(1) 気持ちのそろった教職員集団 〈エンジン〉

「力のある学校」づくりに欠かせないと考えられる八つの項目の冒頭にかかげられるべき、最重要項目がこれ――「気持ちのそろった教職員集団」――である。

教職員集団は、学校づくりの、文字通りの「エンジン」である。エンジンがなければ、車は走らない。教職員集団にまとまりがなければ、学校はまわっていかない。学校づくりのキモは、まとまりのある教職員集団をいかにつくり上げるかという点であると断言してもよいくらいである。「子どもたちのためにできることは何でもやろう」という思いの共有（「気持ちのそろった」）が、力のある学校づくりの出発点となる。

この項目は、次の三つの下位項目に分けて捉えることができる。

① チーム力を引き出すリーダーシップ
② 信頼感にもとづくチームワーク
③ 学び合い育ち合う同僚性

① チーム力を引き出すリーダーシップ

欧米の「効果のある学校」研究において、最も大切な要因として挙げられるのが「校長のリーダーシップ」である。「学校が良くなるか悪くなるかは、校長次第である」というのが、欧米の学校の常識である。日本でも、それほど極端ではないにしろ、やはり校長の果たす役割は大きい。欧米の校長のように皆をぐいぐいと引っ張っていくタイプの校長、校区の隅々まで熟知し、その人間性と面倒見のよさで教師たちを束ねていく日本型リーダーとしての校長、「上意下達」ではなく「先生方の自由な発想」を重んじる調整型の校長。

しかし、それだけではない。トップダウン型のリーダーシップが主流である欧米の学校とは異なり、日本の学校では、校長のリーダーシップだけが重要だというわけではない。

校長とパートナーを組む教頭のリーダーシップ、そしていわゆる「ミドルリーダー」のそれ、さらには分掌やチーム内における一般教員のそれ、いずれもが学校組織を活性化する上で、固有の重要性を担っている。とりわけ近年の学校研究では、ミドルリーダーの果たす役割の大きさが指摘されていることを強調しておきたい。

②　信頼感にもとづくチームワーク

リーダーシップが、いわばエンジンを始動させる鍵の役割を果たしているとするなら、教職員の「チームワーク」は、エンジン本体の性能そのものだと言ってよい。個々の教師の経験や力量には大きな違いがある。また、それぞれの考え方や持ち味もきわめて多様であろう。それらをいかに結集させ、まとまった力を生み出す形にもっていけるか。エンジンの性能とは、チームワークを基盤とした学校の組織力なのである。

チームワークは、機械的に生み出されるものではないし、また一朝一夕に築き上げられるものでもない。その背後にあるのは、日々のかかわりのなかで培っていく教師相互の信頼関係である。「雨降って地固まる」という言葉があるように、より多くの課題をかかえる学校では教師が本音でぶつからざるをえない局面が増え、その結果結束が固くなりチームワークが育つという事情も、そこには働いているかもしれない。

また、チーム力が発揮されている学校では、教員ではない職員層が大切にされ、大人全員が「教職員集団」として一丸となって子どもたちに向き合っていた。本項目の見出しを、「教員集団」ではなく、「教職員集団」としたゆえんである。

③　学び合い育ち合う同僚性

最近注目を集めている「同僚性」という言葉であるが、簡単に言うなら、「仕事仲間との関係が、支えあい高めあうものになっているか」という点にかかわるものである。同僚性が低い学校では、教師は孤立感を抱きやすく、また職業人としての成長も期待しにくい。逆に高い同僚性をもつ学校では、相互にサポートしあう形ができており、豊富な切磋琢磨の機会がある。

近年全国で若手教員の数が急増しており、経験年数の少ない教師をどのように育てていくかが、どの学校にも共通する大きな課題となっている。「同僚性」という側面がことのほか重視されなければならない理由のひとつは、そこにある。若手が素直に「先輩のようになりたい」と言える同僚性を築き上げることができたら、どれだけすばらしいことであろうか。

車のエンジンが高性能を維持するためには、定期的な点検整備や修理改善が必要である。

教職員集団にも、同様のことが言える。どんどん増加しつつある若手をどう育てるのか。教員層の新陳代謝に追いつくための、さらなる同僚性の構築が今求められている。

（2） 戦略的で柔軟な学校運営 〈ハンドル〉

右でみたように、教職員集団がチーム力を発揮し、各人が力を伸ばしている学校では、学校が全体として取り組む目標が明確で、その達成に向けて教職員集団の力を発揮させる仕組みがある。つまり、「エンジン」としての教職員集団の、教育目標への方向づけなどの走行制御や、その力を学校が取り組む多様な教育活動に有効に伝える「ハンドルとミッション」の役割としての学校運営が、学校の実態や課題に適切に対応しうまく機能しているのである。こうして教育活動の成果や課題を確認して、さらなる実践へとつなげていくことが、さらに「したたか」で「しなやか」な組織力を生み出していくのである。

この項目は、以下の二つの下位項目に分けて捉えられる。

① ビジョンと目標の共有
② 柔軟で機動性に富んだ組織力

① ビジョンと目標の共有

このサブ項目は、欧米の「効果のある学校」研究で、「校長のリーダーシップ」に次いで重要視されている項目である。

教職員間でビジョンと目標を共有するためには、まず子どもたちの実態把握等を通じて学校全体で自校の教育課題を明確にする必要がある。そして、それを克服・達成するための取り組みが、これも全員の了解のもとにプランニングされていかねばならない。取り組みの過程では、その成果や課題を学校全体のものとしていくことで、当初は取り組みに消極的であったり批判的であったりした教職員にもその意義が理解され、学校全体の動きが円滑で活発になることが期待できるだろう。また、ビジョンや具体的目標を設定する際には、子どもたちの実態を的確に理解するのみならず、保護者や地域の人々の要望や課題をも綿密に把握しておくことがのぞまれる。

② 柔軟で機動性に富んだ組織力

本書に事例として収められた学校は、すべてが高い組織力をもつ学校であるが、とりわけ規模が大きくなる中学校や高校で、柔軟かつ機動的な組織力が求められる。

例えば、寝屋川四中（第7章）では、全員の基礎学力を支えるという方針のもとに、校内・校外のさまざまな資源の最適な組み合わせが図られていた。そのひとつが、他教科の教師も応援に入る数学科・英語科での「チャレンジ学習」。ひとつの学級を三つに分け、とりわけ「できない層」の学力の下支えを図ろうというその試みは、きわめてシステマティックかつ効率的なものであった。ビジョンと目標が共有されているからこその取り組みの好例である。

また松原三中（第10章）では、伝統的な「集団づくり」の手法が、今の子どもたちの育ちの現状にそぐわないという見立てから、生徒指導のあり方が大胆に見直されていた。「人にやさしく、自分にきびしい中学生」というスローガンを設定し、集団づくり・仲間づくりのプロセスに入る前に、基本的生活習慣や集団的規律の部分が徹底的に指導されていた。この「転換」も、一致した教育観をベースにもつ三中教師だからこそ、なしえたものだと考えてよいだろう。

（3）　豊かなつながりを生み出す生徒指導　〈前輪、左のタイヤ〉

私たちの対象校の多くは、実は以前に「荒れ」を経験し、それを克服してきた歴史をもつ学校であった。「荒れ」とその克服過程の記憶を継承しつつ、教職員集団がポジティブに一致した方針で子どもたちに臨み、子どもたちのエンパワメントを図っていく、その戦略と実践が求められていると言えよう。「豊かなつながりを生み出す生徒指導」があってこそ、豊かな学びの環境が整えられ、子どもたちの学習意欲も高まり、ひいては学力向上につながる。

この項目の下位項目は、以下の二つである。

① 一致した方針のもとでのきめ細かな指導
② 子どもをエンパワーする集団づくり

① 一致した方針のもとでのきめ細かな指導

一致した方針や姿勢のもとで、子どもの背景や内面にまで思いをいたしながら、教職員集団として生徒指導に向かうこと、これがまず何よりも重要であろう。そのためには、次の三つのことがらを大切にすべきである。

第一に、肯定的な子ども観をもち、「学級集団を読む」作業を基本におくこと。第二に、情報の共有とコーディネート。子どもを理解するためには、教職員の複眼的な視点が必要であり、さまざまな情報の共有が不可欠である。そして、第三に、「意味あるルール」の徹底。どの教職員も、明確にラインを揃えた学習規律や生活規律を徹底させることが必要である。

これらの活動を通じて、子どもたちと教師の間には、たしかな信頼関係が結ばれることになるだろう。大庄北中（第5章）では、三年間の担任団の持ち上がりという「めぐり合わせ」のもとで、生徒たちと教師とのきずなが深まり、生活面のみならず学力面においても非常にめざましい成果があがったのであった。

② 子どもをエンパワーする集団づくり

学校は子どもたちが集団で過ごし、学び、遊び、人間関係を豊かに鍛えていく場である。「学校は楽しい」「自分の居場所が学校や学級にはある」「友だちや先生とお互いに理解し合っている」「みんなで力を合わせて何かを達成できるとうれしい」、子どもたちがそう実感できる学校づくりに、生徒指導は大きくかかわっている。一人ひとりの子どもたちや集団のエンパワメントは生徒指導の究極のゴールであり、そのためには次の三つの取り組みが考えられる。

第一に、子どもたちの良好な人間関係づくりを図る日常的な取り組み。協働的な学びを重視した授業づくりによって子どもたちの相互理解を深める取り組みや、教師との交換ノートや学級通信・学年通信・校長通信などを利用した教師と子どもの日常的な相互交流など、良好な人間関係づくりをめざすものが、その実例である。第二に、子どものエネルギーをプラスの方向に収束できる学校・学年・学級の行事。子どもが活躍できる舞台を用意し、どの子がどの取り組みで光るのか、気になる子どもにどんな舞台を用意すれば輝くことができるのか、教職員集団で協議し、仕掛けていくことが重要だろう。第三に、子どもたちの自治的能力を高める集団づくり。いじめやけんかの解決、あるいは行事への取り組みの過程で、子どもたちが自分たちの課題を自ら解決し、実行できる力を養えるよう支援すること。また、子ども集団の自治能力は児童会・生徒会活動や学校行事のなかでも大いに育まれる。学校行事では、上級生のリーダーシップを促すことも必要であろう。

(4) すべての子どもの学びを支える学習指導 〈前輪、右のタイヤ〉

学習指導は、どの学校においても教育実践の中心にあるもので、車の前輪部分を生徒指導とともに担っている。「力のある学校」では、すべての子どもの学びを支えることが当然視されている。それは必然的に教師中心の授業ではなく、子どもたち一人ひとりの学習意欲や学習定着度に目を向けた指導が求められることを意味する。さまざまな課題をもった子どもたちそれぞれに応じた学習指導を行い、確かな学力を身につけさせる多様な取り組みが行われている。

「力のある学校」は子ども一人ひとりの学力・生活実態に目を向け、日常の授業実践とそれを補完する基礎学力定着システムを通して、すべての子どもの学びを支えている。そしてその背景には校内研修や、学力・生活実態調査の活用、家庭との連携等によるビジョン・方法の共有がある。

この項目の下位項目は、以下の二つである。

① 多様な学びを促進する授業づくり
② 基礎学力定着のためのシステム

① 多様な学びを促進する授業づくり

小学校に行くと、授業を見るのが楽しい。そこでいろいろな活動が展開され、子どもたちがさまざまに自分自身の学びを深め、経験の範囲を広げていく様が手にとるようにわかるからである。しかしながら、中学校・高校になると、そうはいかない。だいたいの授業が退屈で、面白くない。教師がしゃべりすぎるからである。教え込み式の知識伝達に終始しがちな授業。もっぱら習得の度合いだけを競い合う授業。中学・高校にも、小学校的な、動きややりとりのある授業を構築することが求められている。

例えば、豊川中（第8章）では、東京大学の佐藤学さんの「学びの共同体」論を取り入れた授業づくりが、この数年間進められている。いつもうまくいくわけではないが、明らかに柔らかくなった雰囲気のなかで、お互いの対話に触発された、生徒一人ひとりのユニークな学びが開花する瞬間がある。

また、ここで特筆しておきたいのは、長吉高校（第11章）と松原高校（第12章）という二つの高校で見られた学びである。長吉高校では、外国にルーツをもつさまざまな生徒たちが、単位制高校という枠組みのなかで自分たちの居場所を確保し、先生たちの手厚いサポート体制のもとで、自分なりの実りのある学びを組み立てていた。また松原高校では、知的障害のある生徒たちが、総合学科に集ってきた一般生徒とのかかわりのなかで、自分らしい個性的な学びを育んでいた。他の多くの高校ではお目にかかれない授業風景がそこにあった。

② 基礎学力定着のためのシステム

通常の一斉授業だけですべての子どもたちの基礎学力が保障されるといったことは、まずありえないと言ってよい。学習の定着のためには予習や復習等の家庭学習が必要であるし、場合によっては放課後等の補習が求められよう。さらには、学習の定着度を測るための学力実態調査も欠かせない。基礎学力定着のためのシステムは、特に一斉授業についていくことが難しく、学習習慣がついていない子どもたちを念頭に置いてつくられる。何重にもセイフティーネットを張り巡らせて、すべての子どもたちの基礎学力の定着が図られるのである。

金川小（第1章）や布忍小（第2章）、あるいは寝屋川四中（第7章）といった学校では、ほとんど極限とまで言えるような形で、この基礎学力定着のためのシステムが校内に整備されている。学力診断テストや学習・生活状況アンケートなどによる学力の客観的把握、少人数指導や習熟度別指導の徹底した実施、休み時間・放課後や長期休業中の補充学習の実施、家庭学習や宿題をめぐる家庭との連携の推進、学力面に関連する校種間連携の推進などなど。基礎学力定着のためのシステムは、全校一丸となっての取り組みが必要であり、全教職員で子どもたち一人ひとりの学習の定着に働きかけることが求められる。

(5) ともに育つ地域・校種間連携　〈後輪、左のタイヤ〉

「ともに育つ」という言葉には、「子どもも大人もともに育つ」という意味がこめられている。子どもの育つ環境の「ひろがり」を視野に入れた「地域連携」と、子どもの育つ道筋の「つながり」を視野に入れた「校種間連携」は、各学校が単独ではできない教育活動を可能にしてくれる。同時に、大人たちは、連携を通して、子どもについての理解を深めたり、自分の取り組みと他者の取り組みの関係を意識したり、相互信頼の関係をつくったりしていく。連携の効果は数年で現れるわけではないし、数量的にそれを測定することもできない。そういう意味で、連携の効果はわかりにくいものだが、さまざまなタイプの連携活動が各学校の「力」を支えたり活性化したりしているのは確かである。

この項目は、次の二つの下位項目に分けて捉えることができる。

①　多彩な資源を生かした地域連携
②　明確な目的をもった校種間連携

①　多彩な資源を生かした地域連携

地域には、多種多様な人、モノや情報、場・施設、組織・機関などが存在している。それらはすべて、子どもの学習・教育にとっての資源となりうる。こうした地域資源を生かすことによって、学校教育活動を充実させたり校区全体の教育力を高めたりすることができる。

町の人々の教育に対する思いをもとに莫大な経費をつぎこんで建設された聖籠中（第6章）は、まさに地域の教育の中心と言っていい存在感を放っていた。そこで利用される地域資源の量は、はんぱなものではないと思われる。一方、豊川中（第8章）では、「とよかわネット」という人的つながりによって、地域と学校と家庭の教育力を相乗的に高めていこうという試みが息長く続けられていた。ハードとソフトの対比とでも言えようか。また、野市中（第9章）のように、「荒れ」からの立ち直りの際に地域の人々が大きな力となったことをきっかけに、地域に開かれた学校づくりに邁進している学校もある。

元暴走族の青年たちがボランティアとして学校づくりに参画している金川小（第1章）の事例、日系ブラジルの子どもたちの居場所づくりや学習の推進に、地域の集会所が大きな役割を果たしている東部小（第4章）の事例なども、きわめて興味深いものである。

② 明確な目的をもった校種間連携

学習指導や生徒指導における校種間連携は、制度上のちがい（就学前教育・保育と義務教育としての小学校・中学校、あるいは義務教育ではない高校）や学校組織体制（小学校の学級担任制と中学校の教科担任制など）のちがいもあって円滑に進まないことが多いが、困難を乗り越えて「課題を共有した」連携が行われている例もある。

本書では、あまりくわしく述べることはできなかったが、布忍小（第2章）、松原三中（第10章）、松原高校（第12章）のタテの連携は、それだけで一冊の本が書けそうなほどの、歴史と深さを有するものである。例えば、松原高校に通う障害のある生徒のなかには松原市の小中学校で学んだ子も多く、中高の連携のもとでこそ高校進学が実現したと言える現実がそこにある。そうした事例を見るにつけ、校種間連携の意義深さを感じないわけにはいかない。

（6） 双方向的な家庭とのかかわり 〈後輪、右のタイヤ〉

教職員集団がどれほど努力を積み重ねたとしても、子どもたちの生活の基盤である家庭とのつながりを欠いていては、前に進むことはおぼつかない。「家庭とのかかわり」が重要な柱であることは改めて言うまでもないが、私たちの調査を通して浮かび上がってきたのは、学校から家庭へ、家庭から学校へ、という「双方向的な」かかわりの重要性であった。

その双方向的なかかわりの中身は、大きく次の二点に分けて捉えることができる。

① 家庭とのパートナーシップの推進
② 学習習慣の形成を促す働きかけ

① 家庭とのパートナーシップの推進

学校と家庭とのかかわりとしてまず思い浮かぶのが家庭訪問だろう。かつて日本の学校文化の特徴として真っ先にあげられたのが、この家庭訪問という習慣である。すなわち、諸外国の学校では、日本での常識とは異なり、家庭訪問はさほど一般的ではないのである。

子どもたちの家庭背景を細かく把握していること、親の生活や子どもへの思いを知り信頼関係をつくっておくことが指導をする上で不可欠であり、日常的に、そして何かが起きた際には敏速に家庭訪問が行われる。特に、深刻な「荒れ」を経験した学校では、家庭での子どもたちの生活を知り、親とつながることの重要性からも、家庭訪問がよく行われていた。また、家庭の様子を知るだけでなく、学校の様子を伝える働きかけも重要である。教師が子どもをほめるメッセージを親に伝えることは、保護者との信頼関係を築く契機にもなるし、親の子どもを見る目をより多角的にと変えることにもつながる。

家庭とのかかわりはもちろん情報のやり取りにとどまらない。保護者が学校教育に参加することも重要であり、授業参観や懇談への参加などにとどまらず、学校行事に参加し助力する親の姿も多くの学校で見られる。私たちの調査対象校のなかには、行事や参観への保護者の参加が「あふれる」ほどの数にのぼるという学校もあった。

② 学習習慣の形成を促す働きかけ

子どもたちが一番長く生活する場は、言うまでもなく家庭である。宿題をする、予習復習をする、学校の準備をきちんとするといった習慣が定着することが、学力向上に直結することは言うまでもない。しかし、家庭での学習習慣を着実に形成していくことは、多くの学校でたいへん困難な課題だとみなされている。

布忍小（第2章）や大庄北中（第5章）では、子どもたちに家庭学習の習慣をつけるために徹底した指導が行われている。すなわち、布忍小では私たちが驚くほどたくさんの宿題が毎日出され、着実な学習習慣の形成が図られている。また、大庄北中では自主学習ノートの取り組みの成果で、生徒たちの家庭学習の時間は、市内の他中の数値と比べてきわめて良好なものとなっているのである。

（7）　安心して学べる学校環境　〈インテリア〉

「力のある学校」となるためには、子どもたちが安心して学べる環境を提供することも必要である。すわりごこちのよい椅子、落ち着きと潤いのある内壁といったスクールバスの内装（インテリア）に相当するのが、学校環境である。ひとことで環境の整備といっても、学校施設という物理的環境を整備することに加え、学習活動に直結するような教室づくり、そして、あいさつやルールの確認といった、学校という組織の一員になっていくための準備としての環境整備などさまざまな側面があり、いずれもが子どもたちの豊かな学びを保障していくための重要なリソースとなる。

この項目は、次の二つの下位項目に分けて捉えられる。

① 安全で規律のある雰囲気
② 学ぶ意欲を引き出す学習環境

① 安全で規律のある雰囲気

学校は何をするところか。今は何をする時間なのか。自分の役割は何か。（3）でも指摘したが、「力のある学校」となるためには、生活規律や学習規律など、一定のルールのもとに成長できる雰囲気が学校のなかで保障されていることが重要である。

例えば、規律ある学校生活を送るための道具として、チャイムというものがある。これは、校内でのさまざまな活動の開始や終了を示す合図であり、子どもたちはこのチャイムによって学校生活のリズムを形成していく。また、教師がチャイムを守ることは、ルールを守れる大人としての教師の姿勢を示すだけにとどまらず、子どもの安全管理や教師子ども間のコミュニケーションの促進にもつながる。対象校のなかには、子どもがより主体的に自己管理をすすめていくために、「ノーチャイム制」を導入している学校もあった。

② 学ぶ意欲を引き出す学習環境

また、物理的な環境の整備により、学校・教室が「来たいところ」「居たいところ」となることで、子どもたちは精神的に安定した状態で学校にいることができるようになる。そうした安心感や所属感があってこそ、その空間での主体的な学習がなされうるのである。

例えば、細河小（第3章）を訪れると、私はいつもなごやかな気分になる。まわりが山に囲まれ緑がいっぱいということもあるが、校内にもきれいに花が飾られ、気分が落ち着いてくる。また、職員室前の廊下には、全校児童の写真、それも皆いい笑顔でほほえんでいる個人写真が並んでおり、本当に気持ちがよい。さらに、各教室や廊下には、さまざまな掲示物や子どもたちの学習の成果としての作品がディスプレーされており、子どもたちの学習意欲を高めるような工夫がこらされている。

それに比べると、中学校や高校の校内環境は、まだまだ改善の余地があると考えられる。教職員が率先して学校の美化・環境整備に努めるだけでなく、子どもたちにも積極的に活動に従事させることも重要であろう。自分たちでつくった誇りある学校環境という視点を子どもたちにもたせることで、環境の整備は完成すると考えられる。

（8） 前向きで活動的な学校文化 〈ボディ〉

「力のある学校」の最後の要因は、スクールバスのボディ・外観にあたる学校文化である。学校文化とは、これまで論じられてきた各要因の背後に存在する、学校にみなぎる「有形、無形に伝承されているもの」である。調査対象校それぞれがもつ独特の空気に、私たちは背筋がぴんと伸びるような気分を味わった。元気にあいさつする子どもたちの姿、地域の人々がさまざまな取り組みに参加している様子、教師たちのきめ細かな対応、それぞれ感心させられるところはスクールバスの外観のように多様であったが、それらの学校には共通して、問題克服や目標達成のために学校全体でまず何かをやってみようという文化・風土があった。そこでは、子どもたち、教職員、地域の人たちが学校に対して誇りと責任感を有するとともに、前向きに多様な取り組みが実践されていた。

そうした学校文化は、一朝一夕にできるものでないだろう。当初は少人数の人たちの熱い思いが多彩な活動を生み出し、それに共感する人たちがそれを伝統に形づくっていく。そうしたサイクルを繰り返す中で、前向きで活動的な学校文化が形成されていくのである。

この項目は、以下の二つの下位項目に分けて捉えることができる。

①　誇りと責任感にねざす学校風土
②　可能性をのばす幅広い教育活動

①　誇りと責任感にねざす学校風土

すでに述べたように、構成員の中に学校に対する誇りと取り組みに対する責任感が共有されているとき、前向きで活動的な学校文化が花開く素地が整ったと言いうる。対象校の多くは、教職員だけでなく、地域の人たちや保護者も学校に対する誇りと責任感をもっている。

（5）や（6）とも関連して、「力のある学校」では地域の人材や保護者が学校の活動に積極的に関与するとともに、責任感をもって取り組みが進められているところが多い。例えば、地域ボランティアとしてかかわっている高齢者が、地域の集まりで「今私、小学校で教えてますねん」と嬉しそうに語り、それに刺激を受けた他の人がさらに学校にかかわるという好循環を生み出しているところもある。学校への関与の度合いが高まると、学校に対する要求も高くなる。地域や家庭からの声にプレッシャーを感じつつも、それを新たな活動を生み出すエネルギーに転化する学校となりたいものである。

② 可能性をのばす幅広い教育活動

「力のある学校」は、授業だけでなく、学校行事や部活動など、さまざまな場面で子どもたちが活躍できる場を用意している。例えば、高知県の野市中（第9章）は、そうした全力投球型の、活気あふれる学校文化を有する中学校である。授業はもとより、部活動、合唱コンクールなどの行事、地域活動等に完全燃焼する生徒たち。本当に見ていて気持ちがいい。そうした学校では、上級生たちが下級生のよい手本、ロールモデルとなる。「あの先輩のようになりたい！」「去年の三年生よりすごいことをやるぞ！」。野市中は、そうした健全な向上心や若者らしさが、けれん味なく表現されるすばらしい中学校である。

また、静岡県の東部小（第4章）も、同じような「勢い」を感じさせる学校である。地域にある社会人ラグビーチームの支援を受けてスタートしたタグラグビー部が、創部何年もしないうちに全国大会で準優勝。チームには、何人かの南米からのニューカマーの子どもたちが混ざっている。芝生で躍動する子どもたちの姿は本当にまぶしく感じられた。

†公立学校のもつ潜在力

繰り返しになるが、教育は買ったり、選んだりするものではなく、一緒につくっていくものだと思う。できあいのものを消費するのが教育なのではない。たまたまの縁で出会った者同士が、同じ場所で長い時間を過ごしていくなかで何かをつくり上げていくのが、教育というものなのだろう。公立学校は、それがなされるのにふさわしい場である。

子どもたちは、学校という公的空間でさまざまな他者と交わり、いくつもの経験を重ねるなかで、人として必要なものを徐々に身につけていく。順調にいくことばかりでは決してない。失敗したり、恥ずかしい思いをしたり、無力感にとらわれたりすることの方が、ことによると多いのかもしれない。しかしながら、周囲の人々に、励まされ、慰められ、ときには厳しく指導され、そして褒められるなかで、自分なりの自尊心を育み、社会的存在としての大人になっていく。

そのプロセスを演出するのが、学校という舞台である。

本章で述べた「力のある学校」。「そりゃそうだ。そんな学校ばかりだったら言うことはない」と、読者の皆さんは思われたかもしれない。あるいは、「理想は理想で、現実はそんなに甘くはない」と、感じられたかもしれない。しかしながら、あえて私は「希望の言語」で語ろうとした。逆風のなかにあるからこそ、公立学校のポテンシャルを強調したいと考えたからである。

本章を締めくくるにあたって、ここで述べた「スクールバスモデル」にいくつかの注釈をつけておきたい。

第一に、「エンジン」について。エンジンが自動車の心臓部であることには誰も異論はないであろう。学校で最も大切なのは、教職員集団というエンジンである。問題は、誰がエンジンを動かすのかということである。エンジンは、自然には動かない。キーを鍵穴に差し込んで右にねじったときに、はじめてエンジンは始動する。すなわち、エンジンには、スタートを切るためのキーが必要なのである。学校で言うなら、文字通りの「キーパーソン」が必要なのである。

それは、校長かもしれない。ミドルリーダーなのかもしれない。あるいは、転勤してきた、一人の教員かもしれない。いずれにしろ、同僚教員の心に火をつけるキーパーソンが学校には要るということである。学校にとどまらず、すべての職場にそれは必要なのだが。

第二に、車が走る地面について。私は、それを学校が立地している「地域」だと考えている。すなわち、スクールバスが走行する道・路面が、地域の状況だと考えたいわけである。高速道路のようにスムーズに走れる路面もあるだろう。逆に、道なき道というか、でこぼこだらけの、とてもまともには走れそうにない地面の場合もあるだろう。

公立学校は、走る地面を選ぶことはできない。与えられた場所を、できるかぎり快適に走ることを考えるのみである。高速道路上であれば、あまりゆっくり走ることはできない。また急ハンドルや急ブレーキは禁物である。他方、でこぼこ道にはでこぼこ道なりの走り方がある。先を急ぎすぎるとロクなことはない。頭を打つか、舌を噛むかするのが、オチである。要するに、公立学校経営のやり方は、校区や子どもたちの状況との関連で柔軟に考えなければならないものなのである。

最後に、燃料・ガソリンについて。これを書いている時点（二〇〇八年六月）で、日本ではガソリンの価格が急上昇している。何とか価格が落ち着いてほしいものだとは思うが、この先どうなっていくのかは現状では全く見えない。

それはともかく、スクールバスが運行し続けるためには、十分なガソリンが必要である。ガソリンが不足すれば、バスは動けない。ガス欠で立ち往生するのみである。そうなっては困る。学校の場合、ガソリンは教師たちの活力であり、やる気である。そして、その条件整備を担うのが教育行政の役割である。十分なガソリンが供給されるかどうかは、かなりの部分、行政のサポートがどうなっているかに依存する。いわゆる、ロジスティックスの問題である。スクールバスが首尾よく走行するためには、行政の手厚い支援が不可欠である。そうでないと、教師たちのエネルギーが枯渇してしまう。

教育は国家百年の大計、という言葉がかつてあった。その基本は、今も変わらない。教育の大事な部分はどこなのか。それを維持発展させるためには、何を考えなければならないのか。私たち皆が心を落ち着け、そのことを改めて考えてみる必要があるだろう。

おわりに

私は、原稿を書いたとき、いつも妻に目を通してもらい、内容をチェックしてもらうことにしている。本書の序章の原稿を読んだときに、彼女はこう言った。「これは、転校した経験がない人だから書けた文章ね。」子どものころ、父親の転勤で何度も転校を経験した彼女は、その都度つらい経験をしたという。地域に根ざした公立学校、そこに通う地元の子どもたちは、ときに新参者やよそ者を排除しがちであるというのが、彼女の言い分である。「風の人」として住む場所を移す者にとっては、公立学校は必ずしも居心地のよい場所ではない。一理ある、私はそう思った。

転校を経験したことがなく、現在自分の生まれ育った地域に家族とともに住んでいる私は、そのように発想したことはなかった。そして、しばらく考えたのち、私は彼女に次のように答えた。「たしかにそういう側面もあるけど、できるなら転校生をもすんなりと受け入れる場であってほしい。異質な者同士がまざりあい、かかわりをもつなかで、何かを立ち上げていくことこそが、公立学校の『多様性』のメリットと考えられるから。」本書で私は、あえて私学に対して異議を唱えるようなスタンスをとったが、公立学校とて万能であるはずはない。よいところもあれば、足りないところもあるだろう。それらをすべてひっくるめて、公立学校の応援をしたいと思っているのである。

本書の冒頭で、イギリスの話をした。そして、日本は急速にそちらに向かおうとしている、と指摘した。それに対して、PISA調査でフィンランドが学力一位となって以降、「イギリスの方向性は言語道断で、フィンランド的な教育こそがのぞましい」と主張する声が大きくなっている。

日本はどっちに行こうとしているのだろうか。あるいは、どちらの方向に進むのが望ましいことなのであろうか。この課題を探究することは本書の範囲を越えているので、これ以上は追求しないでおこう。ただ、たしかに言えるのは、日本の教育が培ってきたよいところを守り育てながら、なおかつ新たな時代の荒波を乗り越えていく着実な舵取りが必要になるだろうということである。

数年周期で幾度となく繰り返される教育改革論議は、私の目には、気まぐれで荒っぽい舵取りのように映る。舵が右に、あるいは左に極端に切られる度に、現場にいる教師たちや子どもたちは、船室のカベに頭を打ちつけるはめに陥る。もう少し長期的な視点に立ち、

「現場」の経験や知恵を尊重した上での穏当な舵取りが期待されるところである。子どもを教育するという点において大事なものは、時代や場所やその都度の状況によってそう変わるものではないと私は感じている。新奇なものや意表をついたものはあまり必要ではない。教育の「不易」を見極めたいものである。

本書で登場してもらった一二校のなかで、私が最も長いかかわりを有している学校が、兵庫県尼崎市の大庄北中学校である。その「なれそめ」は、本文に記した通りである。

中学生時代（一九七〇年代前半）、二〇代から三〇代にかけての時期（一九八〇年代から九〇年代にかけて）、そして現在と、私は人生の節目節目で大庄北中にお世話になっている。今から二〇年ほど前の、駆け出しの研究者だったころに北中で学ばせてもらったことは、間違いなく学校研究者としての私の基礎を形づくっている。

先日久しぶりに大庄北中を訪問した際、何気なくサッカー部の練習を見ていたら、教頭先生が、コーチをしていた二人の三〇代前半の男性を紹介してくれた。二人とも、校区に住む地域ボランティアである。しばらく話をして、急に思い出した。彼らは、二〇年ほど前に私が北中に頻繁に出入りしていたころの中学生で、サッカー好きの私が一緒にボールを蹴らせてもらったサッカー部の部員だったのである。彼らは三年生のときに、県大会で優勝したメンバーである。短い時間だったが、ひとしきり思い出話に花を咲かせた。

大庄北中という公立学校で出会った人々との、このような形での交流は、私にとっての宝物である。そのような出会いと交流を、今後とももち続けていきたいと思う。教育研究を志してから、早くも二五年程が過ぎた。気がついたら、私自身が、教頭先生や校長先生の年代となっており、現場で活躍中の多くの先生がすでに年下世代となっている。この先どのくらい続けられるかは定かではないが、今後も公立学校サポーターとして、研究を続けていきたいと考えている。

最後になったが、本書の刊行にご尽力いただいたちくま新書編集部の若き編集者北村善洋さん、前著（『学力を育てる』）に続いて素敵な挿絵を描いてくれた小池みささんに、この場を借りて感謝の気持ちを申し述べたい。

二〇〇八年六月

志水宏吉

ちくま新書
742

公立学校《こうりつがっこう》の底力《そこぢから》

二〇〇八年九月一〇日　第一刷発行

著　者　志水宏吉（しみず・こうきち）

発行者　菊池明郎

発行所　株式会社　筑摩書房
東京都台東区蔵前二-五-三　郵便番号一一一-八七五五
振替〇〇一六〇-八-四一二三

装幀者　間村俊一

印刷・製本　三松堂印刷　株式会社

筑摩書房サービスセンター
〒三三一-八五〇七　さいたま市北区櫛引町二-六〇四
電話〇四八-六五一-〇〇五三

ISBN978-4-480-06447-9　C0237

ちくま新書

211 子どもたちはなぜキレるのか 齋藤孝
メルトダウンした教育はどうすれば建て直せるか。個性尊重と管理強化の間を揺れる既成の論に楔を打ち込み、新たな処方箋として伝統的身体文化の継承を提案する。

329 教育改革の幻想 苅谷剛彦
新学習指導要領がめざす「ゆとり」や「子ども中心主義」は本当に子どもたちのためになるものなのか？ 教育と日本社会のゆくえを見据えて緊急提言する。

359 学力低下論争 市川伸一
子どもの学力が低下している⁉ この認識をめぐり激化した巨大論争を明快にときほぐし、あるべき改革への第一歩を提示する。「ゆとり」より「みのり」ある教育を！

399 教えることの復権 大村はま 苅谷剛彦・夏子
詰め込みかゆとり教育か。今再びこの国の教育が揺れている。教室と授業に賭けた一教師の息の長い仕事を通して、もう一度正面から「教えること」を考え直す。

543 義務教育を問いなおす 藤田英典
義務教育の改革が急ピッチで進められている。だが、その方途は正しいのか。義務教育制度の意義と問題点を見つめなおし、改革の道筋を照らす教育社会学の成果。

679 大学の教育力
——何を教え、学ぶか 金子元久
日本の大学が直面する課題を、歴史的かつグローバルな文脈のなかで捉えなおし、高等教育が確実な「教育力」をもつための方途を考える。大学関係者必読の一冊。

721 中高一貫校 日能研進学情報室
中学入試が定着したいま、小学校高学年の子どもをもつ親の意志がとても重要になっています。中学高校は多感な時期。預け先を間違えないための秘訣を伝授します。